大学生职业生涯规划和就业指导研究

关 斐 ◎ 著

中国书籍出版社
China Book Press

图书在版编目（CIP）数据

大学生职业生涯规划和就业指导研究/关斐著.--北京：中国书籍出版社，2023.12

ISBN 978-7-5068-9783-9

Ⅰ.①大… Ⅱ.①关… Ⅲ.①大学生－职业选择－研究 Ⅳ.① G647.38

中国国家版本馆 CIP 数据核字（2023）第 246337 号

大学生职业生涯规划和就业指导研究
关　斐　著

图书策划	成晓春
责任编辑	吴化强
封面设计	博健文化
责任印制	孙马飞　马　芝
出版发行	中国书籍出版社
地　　址	北京市丰台区三路居路 97 号（邮编：100073）
电　　话	（010）52257143（总编室）（010）52257140（发行部）
电子邮箱	eo@chinabp.com.cn
经　　销	全国新华书店
印　　刷	天津和萱印刷有限公司
开　　本	710 毫米 ×1000 毫米　1/16
字　　数	206 千字
印　　张	11.75
版　　次	2025 年 1 月第 1 版
印　　次	2025 年 1 月第 1 次印刷
书　　号	ISBN 978-7-5068-9783-9
定　　价	76.00 元

版权所有　翻印必究

前　言

职业生涯规划与就业是大学生立志求学的重要目标，也是大学生服务社会的主要途径。帮助大学生准确地认识自己、客观地分析自己、合理地规划自己、有效地推销自己，是高校就业指导工作的根本任务。

分析近年来大学生的就业现状，我们不难发现，随着大学毕业生人数逐年大幅上升、市场人才需求结构不断调整、用人单位选才标准不断提高的背景下，大学生就业形势不容乐观。要有效破解大学生的就业困局，作为输送人才的高校，必须从整体上抓住三个关键要点：一是要加强市场跟踪与分析，根据劳动力市场供求关系，合理调整、优化专业设置与培养模式，增强人才的"吻合度"；二是要加强教育教学改革力度，改革目标致力于教学质量的提升与学生综合素质的培养，增强人才的"适应性"；三是要加强大学生就业指导和创业引导，帮助学生树立正确的择业观念，制定合理的职业生涯规划，增强人才的"方向感"。

随着我国高等教育的普及，毕业生人数日渐增多，以及近年来全球经济形势的低迷，高校毕业生就业难问题日益成为社会关注的热点，就业问题成为每一位即将进入社会工作的毕业生所面临的共同问题。对于即将进入社会的大学毕业生而言，掌握职业生涯规划和就业的相关知识十分重要。就业问题不仅关系大学毕业生群体的健康成长与自身价值的实现，也关系亿万家庭的切身利益，更关系国民经济的可持续发展与社会的和谐安定。面对日益严峻的就业形势，如何选择适合自己的职业，如何规划自己的职业发展道路，是摆在每一位大学毕业生面前紧迫而又现实的问题，更是各高校需要承担的一项严峻任务。而要做好大学生的就业指导工作，就需要高校就业指导部门认真探寻就业指导的客观规律，为大学生提供及时、科学的指导和教育。

本书共六章。第一章为职业生涯和职业生涯规划概述，分别介绍了职业生涯和职业生涯规划的概念、大学生生活和职业生涯的发展、职业生涯规划的功能和价值、职业生涯规划的常见理论、职业生涯规划的方法和流程五个方面的内容；

第二章为职业生涯规划的制定，主要介绍了五个方面的内容，依次是自我认知分析、环境认知分析、职业生涯目标制定、职业生涯的决策制定、编制职业生涯规划书；第三章为大学生就业形势分析，分别介绍了四个方面的内容，依次是大学生就业现状分析、大学生就业相关政策分析、大学生就业工作趋向、大学生就业规定和流程；第四章为大学生就业准备指导，依次介绍了大学生就业思想准备指导、大学生就业心理准备指导、大学生就业信息准备指导、大学生就业求职资料准备指导四个方面的内容；第五章为大学生就业应聘实践过程指导，主要介绍了五个方面的内容，分别是招聘考试的种类、笔试的应对指导、面试的应对指导、情景模式的应对指导、求职礼仪指导；第六章为大学生职业适应和发展指导，分别介绍了大学生职业适应和角色转变、大学生适应职场新氛围、大学生提高职业适应力、大学生职业发展指导四个方面内容。

在撰写本书的过程中，作者参考了大量学术文献，得到了许多专家学者的帮助，在此表示真诚感谢。本书内容系统全面，论述条理清晰、深入浅出，但由于作者水平有限，书中难免有疏漏之处，希望广大同行及时指正。

关 斐

2023 年 6 月

目 录

第一章 职业生涯和职业生涯规划概述 ··· 1
 第一节 职业生涯和职业生涯规划的概念 ·· 1
 第二节 大学生生活和职业生涯的发展 ··· 7
 第三节 职业生涯规划的功能和价值 ·· 11
 第四节 职业生涯规划的常见理论 ··· 14
 第五节 职业生涯规划的方法和流程 ·· 29

第二章 职业生涯规划的制订 ·· 36
 第一节 自我认知分析 ··· 36
 第二节 环境认知分析 ··· 50
 第三节 职业生涯目标制定 ··· 56
 第四节 职业生涯的决策制定 ·· 67
 第五节 编制职业生涯规划书 ·· 71

第三章 大学生就业形势分析 ·· 75
 第一节 大学生就业现状分析 ·· 75
 第二节 大学生就业相关政策分析 ·· 81
 第三节 大学生就业工作趋向 ·· 84
 第四节 大学生就业规定和流程 ··· 87

第四章 大学生就业准备指导 ······ 101
第一节 大学生就业思想准备指导 ······ 101
第二节 大学生就业心理准备指导 ······ 105
第三节 大学生就业信息准备指导 ······ 113
第四节 大学生就业求职资料准备指导 ······ 123

第五章 大学生就业应聘实践过程指导 ······ 131
第一节 招聘考试的种类 ······ 131
第二节 笔试的应对指导 ······ 134
第三节 面试的应对指导 ······ 139
第四节 情境模式的应对指导 ······ 148
第五节 求职礼仪指导 ······ 149

第六章 大学生职业适应和发展指导 ······ 158
第一节 大学生职业适应和角色转变 ······ 158
第二节 大学生适应职场新氛围 ······ 164
第三节 大学生提高职业适应力 ······ 168
第四节 大学生职业发展指导 ······ 172

参考文献 ······ 181

第一章 职业生涯和职业生涯规划概述

本章主要概述职业生涯和职业生涯规划,从五个方面进行了阐述,分别是职业生涯和职业生涯规划的概念、大学生生活和职业生涯的发展、职业生涯规划的功能和价值、职业生涯规划的常见理论、职业生涯规划的方法和流程。

第一节 职业生涯和职业生涯规划的概念

职业生涯是人生发展过程中最重要的环节之一。对大学生而言,大学里有专业的知识技能、丰富的教学资源,还有各种展现自己的机会,但如果在大学阶段缺乏职业规划,不清楚自己的目标,即使在校期间成绩优秀、知识丰富,也可能会因为职业规划不合理而影响职业的发展。

所以,大学生从步入大学校门开始,就要对自己的职业生涯进行规划,确定职业奋斗目标。

一、职业生涯的概念

"职业生涯"是指个人从进入职场直至退出职场这一时间范围内的与工作有关的经历、态度、需求、行为等,它包括就业形式、工作经历以及与职业相关的活动,是人在不同时期工作经历的发展轨道。职业生涯是一个发展的动态过程,它不仅包括一个人的过去和现在连续从事的职业过程,还包括个人对职业生涯的见解和期望。具体而言,职业生涯是以人的潜能开发为基础,以工作内容的确定和工作业绩的评价以及工资、职称、职务的变动为标志,以满足需求为目标的工作经历和内心体验。每个工作的人都有自己的职业生涯。

二、职业生涯规划的定义

一般而言,职业生涯规划是一个人尽其可能地规划自己未来职业生涯发展的历程,在考虑个人的能力、兴趣、价值观,以及阻力、助力的前提下,进行妥善的安排,并通过调整、摆正自己的位置,以期能适得其所。

职业生涯规划是一个人主动的、有意识的行为。"尽可能地规划未来"的意义在于:所能做到的,全力以赴;诸多个人无法掌握的因素,则冷静面对。简单地说,职业生涯规划就是找到引领自己坚定前进的方向。

大学生职业生涯规划可定义为:大学生在大学阶段通过对自身和外部环境的了解,为自己确立职业方向、职业目标,选择职业道路,确定学习计划(特别是大学阶段的学习计划)、发展计划、为实现职业生涯目标而确定行动时间和行动方案。

三、职业生涯规划的原则

职业生涯规划应该遵循个人生存原则、社会需求原则、能力特长原则、兴趣爱好原则、职业发展原则这五大原则。

(一)个人生存原则

按照马斯洛的需求层次理论,只有低一层次的需求满足之后才会有更高层次的需求,作为一个自力更生的社会人,首先要学会生存,要有谋生的技能,才谈得上人生理想与生涯规划。

(二)社会需求原则

选择职业作为一种社会活动,必然受到一定的社会制约。在市场经济条件下,任何人都有选择职业的自由。但这种自由是相对的、有条件的。青年学生择业时如果脱离了社会的需要,就必将被社会淘汰,而要做到社会利益与个人利益的统一,以及社会需要与个人愿望的有机结合;应积极把握社会对人才的需求动向,把社会需要作为出发点和归宿点;以社会对个人的要求为准绳,既要看到眼前利益,又要考虑长远发展;既要考虑个人因素,也要自觉服从社会需要。

社会的需求不断演化着,旧的需求不断消灭,同时新的需求不断产生。昨天的抢手货今天会变得无人问津，生活处于不断变异之中。如童年时代经常有人挑着担子走街串巷，手中一串金属钹片铿锵作响，口中的吆喝声抑扬顿挫。一听就明白，修补破锅、破盆的工匠来了。于是大家纷纷拿出家中漏底的锅、盆，让他修补。今天，在高高耸立的楼群中，再也找不到他们的影子，手艺再出色的工匠也不能再靠此谋生，社会不再需要他们了。在设计自己的职业生涯时，一定要分析社会需求，择世之所需，否则，只会自食苦果。

（三）能力特长原则

任何一种职业都需要一定的能力，不同的职业有不同的能力要求。任何一种职业技能都是经过学习和培训才能为劳动者所掌握的。如马克·吐温的故事，作为职业作家和演说家的马克·吐温可谓名扬四海，取得了极大的成功。很多人也许不知道，马克·吐温在试图成为一名商人时却栽了跟头，吃尽苦头。马克·吐温投资开发打字机，最后赔掉5万美元，一无所获；马克·吐温看见出版商因为发行他的作品赚了大钱，心里很不服气，也想发这笔财，于是他开办了一家出版公司。经商与写作毕竟风马牛不相及。这次短暂的商业经历以出版公司破产倒闭告终，作家本人也陷入债务危机。经过两次打击，马克·吐温终于认识到自己毫无商业才能，遂绝了经商的念头，开始在全国巡回演说。这回，风趣幽默、才思敏捷的马克·吐温完全没有了商场中的狼狈，重新找回了感觉。到1898年，马克·吐温还清了所有债务。

因此，在对自己的能力特长有一个正确认识和评价的基础上，根据自己的能力、特长来规划职业生涯是十分重要的。

（四）兴趣爱好原则

能力特长不等于兴趣爱好。根据使自己愉悦的"快乐"原则进行职业生涯规划是一种明智的选择。兴趣是个体积极探索事物并带有积极色彩的心理倾向。这种倾向常有稳定、主动和持久等特征。兴趣是最好的老师，是最初的动力和成功的希望。如果对学习、工作产生了浓厚的兴趣，就能在学习和工作中具有并能保持高度的自觉性和积极性，就会在学习或工作中取得成就。当然，兴趣爱好也并不总是起正向的驱动作用，有时它也会是一种耗散力。譬如在同一时间段内，有的人兴趣太广泛，由于时间和精力有限，最终他们所关注的都只是表面，无一深入。因此，在一定时间内假如有较多的兴趣面，一定要以主要兴趣点为重来考虑规划。应牢记两句话：考虑兴趣须适度，众多兴趣定主辅。胡适家道中落，16岁考取中国公学，20岁考取清华"庚子赔款"留学美国官费生。为了节省学费，接济家里，胡适迈进康奈尔大学，选学农科。康奈尔大学农学院设有洗马、套车、驾车、下田农耕等实习课程。本来胡适生于乡野，不畏农事，对洗马、套车等都有兴趣，也可以应付自如，可是到了实习苹果分类的时候，胡适却洋相百出。校方要求学生在规定的时间内完成对30种苹果的分类，许多学生只用了二三十分钟就分得一清二楚，可胡适将苹果翻来覆去地观察，花了两个半小时也只能勉强地分辨出20多个品种。胡适经过冷静地反思，及时放弃学农，转学自己感兴趣的历史、文学，终至功成名就。如果当初不及时发现自己的所短所长，胡适又怎会以文学、哲学闻名于世呢？从事一项自己喜欢的工作，工作本身就能给我们一种满足感，我们的职业生涯也会从此变得妙趣横生。

（五）职业发展原则

职业是个人的谋生手段，其目的在于追求幸福。当目前的职业很难成功，或眼前的工作尽管能带来稳定的收入和不错的福利，但不能长久发展时，应遵循职业发展的原则，重新择业，找一份真正适合自己发展的工作。伟大的文学家歌德，年轻时立下的志向，是要成为一个世界闻名的画家，为此他一直沉溺于那变幻无穷的色彩世界中不能自拔。他用10年的艰辛努力来提高自己的画技，但是收效甚微。在40岁那年，他游历了意大利，目睹了那些绘画大师的杰出作品之后，终于大彻大悟：即使自己穷尽毕生精力，恐怕也难以在绘画领域有突破性的建树。在痛苦和彷徨中度过了一段时间后，他毅然做出了新的决定：放弃绘画，主攻文学，最后成为享誉世界的大文学家、诗人、哲学家和评论家。

四、职业生涯规划的种类

职业生涯规划按照时间维度进行划分，可分为短期规划、中期规划、长期规划和人生规划。短期规划是指2年以内的职业生涯规划；规划目的主要是确定近期目标，制订近期应完成的任务计划。中期规划是指2—5年的职业生涯规划，是最常用的一种职业生涯规划。长期规划是指5—10年的职业生涯规划，主要是设定较长远目标。人生规划是指对整个职业生涯的规划，时间跨度可达40年，其规划的目的是确定整个人生的发展目标。

结合大学生职业生涯规划的特点以及一般职业生涯规划的时间维度划分方法，我们可以把大学生的职业生涯规划大致分成两种类型。

（一）远期规划

远期规划时间年限在5年以上，即时间维度分类中的长期规划和人生规划。对职业生涯进行远期规划，能够使大学生明晰各个阶段的职业目标，保持整个职业生涯发展的连贯性和持续性，使总体目标更容易循序渐进地达成和实现，进而产生最大的职业动力。大学生如果有条件的话，应该进行这种远期的职业生涯规划，激励自己为达到各个阶段的目标而不懈努力。

不过，时间跨度较长的职业生涯规划要求对自我、对职业有比较充分的认识，同时对社会形势和客观环境有敏锐的观察力和超前的预测能力，需要花费较长的时间对职业目标和职业要求进行深入的研究、调查、论证，并制定比较切实可行的完整实施方略。同时，由于远期规划的时间跨度较长，实施过程中会受到个人和环境不断变化的影响，规划目标的实现难度非常大。大学生尚处于职业生涯的探索阶段，对社会、对职业的了解相对有限，因此远期规划的确定可先以简略的职业理想和职业目标为主，具体的远期规划要建立在近期规划的基础之上，根据自身职业发展的实际情况进行调整和修改。

（二）近期规划

近期规划是规划时间年限与大学生涯年限基本符合的大学生职业生涯规划，即时间维度分类职业生涯规划中的短期规划和中期规划，这种规划一般在5年以内。

大学时期正处于职业准备和选择阶段，职业生涯探索阶段的主要目的，就是通过选择、尝试与磨合，找到最合适自己的职业，大学生的职业生涯近期规划，就是大学生根据这个阶段的主要特点和任务要求，在确立总体目标之后，以实现就业为阶段目标，确定自己的大学生涯相应的行动计划和实施方略。

近期规划的特点是主要以大学学制为阶段进行目标分解和策略实施，其最根本的目的是实现总体目标而在学业上做好准备、顺利毕业并进入目标职业。近期规划以就读期间的职业学习和职业准备为主要内容，规划期限基本以大学生涯的终止为结束。

对大学生而言，近期规划更具针对性，也更具可操作性。通过近期规划，大学生可以在认识自我、了解职业的基础上，从自身的条件和社会的需求出发，确定职业发展的方向，明确职业目标，制订大学期间的学习、培训、实践计划，不断地挑战自我、超越自我，为将来迈出校门、走向社会做好准备，为总体目标的实现打下良好基础。由于规划的时间跨度不长，近期规划也比较易于评估与修正。近期规划能与大学阶段的学习和生活紧密联系，大学生在规划自己的职业生涯时应采用这种目的和策略明确可行的规划。

五、职业生涯规划的特征

（一）可行性

规划要有事实依据，目标不能是美好的幻想或不切实际的空想，而应是经过努力能够实现的，否则将会延误职业生涯发展。

（二）适时性

规划是预测未来的行动，确定将来的目标，因此各项主要活动何时实施、何时完成，都应有时间和时序上的妥善安排，以作为检查行动的依据。

（三）适应性

规划未来的职业生涯目标，牵涉多种可变因素，因此规划应有弹性，以增加其适应性。

（四）连续性

规划要考虑到生涯发展的整个历程，人生每个发展阶段应能持续连贯衔接。

（五）清晰性

保证目标与措施的清晰和明确，可以按计划具体实施以达到目标。

（六）长远性

规划应该从大方向着眼，尽可能确定远期目标。

（七）挑战性

如果目标是在原地踏步不前，则失去了原本的意义，也无法激励自己前进，因此，目标应是"跳一跳能够得着"的，富有一定的挑战性。

（八）动态性

职业生涯规划不是一成不变的，而是一个动态变化的过程。内外部环境的变迁、个人条件的变化，都会对职业生涯规划产生影响，职业生涯规划需要根据环境和条件的变化不断地进行评估和调整。

第二节　大学生生活和职业生涯的发展

一、大学生专业和职业生涯的发展

进入大学后，有的学生认为，学习知识已经不是大学生活的主要内容了，甚至对专业知识学习也缺乏动力与兴趣。这种观念对吗？答案是否定的。大学生毕业以后要想成为专业人士，从事专业性较强的工作，就必须有过硬的专业知识。而作为知识结构的核心部分，专业知识需要具备一定的深度和广度，而且大学生要善于将自身专业领域与其他相关领域紧密联系，做到专博相济、专深博广。学习哪些专业知识，从一定程度上决定了学生的职业选择，学得如何在一定意义上决定了学生的职业发展情况。有较强的专业知识、专业技能，学生的职业发展空间将会很大，职业生涯也会越走越远，越走越宽广。同时，选择了合适的专业后，需要构建合理的知识结构。知识的积累是成才的基础和必要条件，人们常常把一个人掌握知识的多少作为衡量其水平高低的标准，但它不是衡量人才的绝对标准。单纯掌握的知识数量并不足以表明一个人真正的知识水平。21世纪对未来人才的知识综合性结构提出了更高的标准，要求大学生既能很好地适应社会需要，又能充分体现个人特点；既能满足专业要求，又有良好的人文修养；既能发挥群体优势，又能展现个人专长。构建合理的知识结构没有捷径可走，只能通过不断学习和积累。需要强调的是，大学生所学的专业知识要精深、广博，除了要掌握宽厚的基础知识和精深的专业知识外，还要拓宽专业知识面，掌握或了解与本专业相关、相近的若干专业知识和技术。此外，还要在学习中培养创新能力和创新精神。

二、大学生社会活动和职业生涯的发展

大学是连接学校与社会的桥梁，所以需要发展职业能力，没有职业能力就没有就业资格，也就没有职业发展的可能。发展职业能力最重要的环节就是参与社会实践活动。社会实践活动环节是相对于课题、书本、理论教育环节而言的。通过实践教育环节可以有效地促进学生提高思想觉悟、丰富知识、增强社会责任感，树立正确、健康向上的世界观、人生观和价值观，增长自身才干。就实践活动的具体环节而言，又有各自相对侧重的功能和目标，包括：教学实践环节，侧重课堂书本理论的学习；第二课堂实践环节，侧重综合运用所学知识的能力；社会实践活动环节，侧重在社会实践中锻炼和发展自己；生活管理实践环节，侧重培养学生自主、自理、自律、自强的精神和能力。

社会实践活动对大学生调整知识结构，增强社会适应能力，提高思想政治素质等方面起着关键作用。一是促使大学生认识社会，增长见识，认清自我。通过各项实践活动，能够使大学生了解社会，了解国情，开阔视野，明确历史使命，正确地评价自己，找到自己在社会中的位置。二是使理论与实践相结合，培养学生的综合能力。通过各项实践环节，大学生可培养独立获得知识、不断更新自己知识的能力、实践活动能力、思维想象能力、表达能力、组织管理能力、科学研究能力等，完成知识与能力的互相促进与转化，还能积累一定的社会实践经验。三是为将来大学生从事职业工作做积极、有效的准备。参加社会实践活动，能够帮助大学生顺利从学校向职业工作过渡。实践活动在大学生心态转变过程中担负着重要使命。

三、大学生人际关系和职业生涯的发展

人的一生中会结识很多人，同学、校友、师兄弟的关系在人的社会关系中占有很大比例。从中学到大学，到进入社会，经过多年的历练，许多同学在社会上取得了一定的社会地位，有了一定的经济基础。如果能够和曾经一起寒窗苦读的同窗好友联手打天下，无疑是很多人的美好愿望。同学资源作为个人人际资源中

的重要一项，我们必须学会珍惜它，在平时的学习、生活中与同学建立良好的友谊，构建和谐的人际关系。

良好的人际关系可以为我们提供有效的人际资源，并为我们的工作及职业生涯发展创造一个良好的空间。

四、大学生职业生涯规划的常遇问题

问题一：自己是谁？

全方位地对自己进行深刻反思，从各个方面去真正地认识自己。在这个环节里，需要对自己的兴趣、性格、专业、学历、爱好、动机、能力、特长、技能、价值观等多个方面做全面的评估，逐一列出。

问题二：自己想干什么？

这是对自己职业发展心理趋向的访谈，指明职业发展方向。每个人在不同阶段的兴趣和目标不一定完全一致，甚至有可能出现对立的情况。随着阅历的增加以及年龄的增长而不断调整，人生目标自然也会发生相对应的调整，这是一个很正常的现象。

问题三：自己能干什么？

这是对自己能力和潜能的全面总结，归根结底，个人的职业最根本还要归结于个人的能力，发展空间的大小主要还是取决于自己的潜力。对潜力的了解可以从自身学习能力、兴趣、知识结构、沟通能力等方面进行重点认识。

问题四：与时俱进的大环境下允许自己干什么？

当前的国际形势、国家形势以及当地的各种状态，如经济发展、帮扶政策、人事政策、职业空间、家庭环境等，甚至还包括一些全国性的乃至全球性的突发情况，都有可能影响到就业环境。人为主观方面包括领导态度、同事关系、亲戚关系等，也会产生一定影响，应将二者结合起来加以分析。

问题五：自己将成为什么？

通过对上面4个问题的详尽分析以及得出的答案，综合分析，便可找准自己的职业定位、职业选择和职业目标，最终形成自己有效的职业生涯规划路径，在实施过程中可不断地进行调整完善。

五、大学生职业生涯规划的误区

误区一：职业生涯规划就是为找工作而准备。

职业生涯规划是为了找到适合自己的职业，如果在大学阶段就为自己日后的职业发展做好充分准备，那就可以相应地加快个人的职业发展。找到适合自己的职业就可以更好地发展自己的职业生涯，职业生涯的顺利发展也会促进个人生涯的发展。我们可以看到，职业就是人生最大的课题之一。所以，在大学阶段规划职业是对人生负责的一种表现。

误区二：大学一年级就考虑职业发展是太早了。

很多同学刚从繁重学业的高三解脱出来，想在大学好好放松，轻松享受大学生活。觉得大一就要考虑职业的事情太早了。其实，考虑职业发展并不是从大一开始的。高考后选专业、选大学、选地域都是为职业发展所做的决定，甚至在更早的时候就做过职业决策。需要大家思考的是，未来职业朝哪个方向发展、发展到什么程度，这些都是需要时间和经验积淀的。大学是大家从学生逐步转变为社会人的阶段，大家要在大学中完成观念的转变、能力的提升和专业的训练，这些都是在为未来职业发展做准备。因此，大学一年级就应该考虑和未来相关的事项了。

误区三：计划赶不上变化，职业生涯规划有用吗？

有这种意识的大学生混淆了规划和计划、规划和变化的关系。计划是一种较主观的思考安排，而规划则是将主客观都考虑到的一种统筹安排。学生很多计划表现为头脑一热、大腿一拍就草率确定的主观行为，我们可以在大学生安排寒暑假的生活中来明确这个区别。一些大学生设定的假期计划落了空，而另外一些大学生的规划得以落实，前者为计划，后者为规划。造成计划落空主要有两方面的原因：一方面是计划不周密，另一方面是自我管理不严格，当然还有其他的因素在里面。但如果是规划呢？那就会在事前考虑自律性差、环境不具备等因素，并制定相应的应急方案。可以说，如果规划制订得不严密，就会沦为计划，而缜密的计划就是规划。计划和规划的区别不仅仅是以执行的最终结果为判断依据，更是以考虑得全面周到与否和执行得严格与否来区分的。变化本身就是在规划中要考虑的因素和步骤，换句话说，就算是最坏的结果、最大的问题也是可以预料到的，即使预料不到，也会通过修正步骤及时发现，即使不能及时发现，也会通过应急方案予以解决。所以说，变化是逃不过规划的，除非没有考虑变化就开始规划，而没有考虑变化的规划是不能够称为"规划"的，最多可以称为"计划"。

误区四：职业测评是可以测出自己适合什么职业的。

目前，在大学生中有着这样一种认识倾向：通过做职业测评就可以测出自己适合的职业。其实，测评主要是依据一定的行为投射反映内在心理，界定影响目标行为的关键因素并确定所占影响的权重，再结合一定的真实样本，通过测评个人对关键因素的关键事件的反应来做一定判断。测评是通过外在因素来分析内在本质特征，因此，我们不能完全依赖职业测评，很多测评选取的模板不是来自我国本土案例，这样就更加大了测评的偏离性。所以，国内的一些职业测评软件可信度和有效度没有测评公司对外宣传的那么高。那么，测评到底有没有作用呢？作者认为，人才测评报告只能作为我们分析自己和选择职业的一个参考，仅仅凭一个测评软件来为自己人生职业的前程做决策显然是不理智的。职业规划是一定要将理论分析、实践验证以及自我修正等手段加以综合并且通过一定时间才可以确定，否则单纯依靠理论分析，或者单纯依赖职业测评，抑或单纯的职业实践都不能得出有效和准确的判断。

误区五：职业生涯规划是可以通过讲座等方式速成的。

职业生涯规划是不能速成的。职业生涯规划是不可能通过几场讲座或者几次活动，甚至是几次授课就可以做出的，因为其中几个因素必须由当事人在实际情境中亲身探索才能确定，而这些仅仅通过理论上的学习、课堂的讲授是无法落实的。技能、技术等操作层面的东西只要掌握了正确有效的方法，就可以速成，而职业生涯规划必须经过实际职业体验和职业能力塑造、职业潜力开发等各个环节才可以完成，自身定位是无法通过任何方式来速成的。

第三节 职业生涯规划的功能和价值

"职业生涯教育是一门实践性较强的学科，培养职业生涯规划能力对于学生职业生涯发展具有重要意义。"[1] 要实现目标，首先得确立目标，职业生涯规划是大学生确立目标和找到实现目标方法的步骤，是减少遗憾、使自己的人生过得成功和有意义的必然要求。

---

[1] 解瑞佳. 师范生职业生涯规划能力培养研究 [D]. 沈阳：沈阳师范大学，2022.

一、职业生涯规划的功能

（一）制订远大目标

中国传统文化中孕育着丰富的职业生涯智慧。中国古代教育家孔子可以被看作职业生涯规划的典范。孔子生活的时代是春秋乱世，他的成长背景是平凡而穷困的，他不畏人生的艰难，突破种种不利因素的影响，激发了自己生命的潜能，展现了作为一个"人"的完美形象。

《论语·为政》云："吾十有五而有志于学，三十而立，四十而不惑，五十而知天命，六十而耳顺，七十而从心所欲，不逾矩。"这句话是孔子对自己一生各阶段的总结，同时也是中国对生涯发展理念的高度概括，对我们现在的职业生涯规划具有指导作用。人无志不立，"十有五而志于学"是孔子最终成为圣人到七十岁时能做到"从心所欲，不逾矩"的首要原因。十几岁正是读书学习的大好时节，知识的积淀能使我们站得更高、看得更远。在掌握基础知识、培养基本生存技能的前提下，人生目标也在此阶段初步形成。通过职业生涯规划的学习、探索和思考，我们能尽早确定人生发展的方向或目标，并愿意为之付出长久的努力。这样，即使成不了圣人，也不至于抱恨终身。目标对人生具有巨大的导向作用，可以说，有什么样的目标就会有什么样的人生。

（二）合理把握时间

如果将每个人的自由时间看成一个集合体，一种认知盈余，那么，这种盈余会有多大？我们已经忘记了我们的自由时间始终属于自己，我们可以凭自己的意愿来消费它们和分享它们，可以通过积累将平庸变成卓越。在没有仔细规划自己的时间以前，我们的时间是"公共资源"，任何人、任何事都可以随意占用，而我们却没有感觉，我们不是时间的主人，我们的时间是为别人服务的或在毫无价值地流逝着。因此，在当前这个后物欲的互联网时代，在拥有更多自由时间的大学阶段，大学生们要成为时间的主人。

（三）发展个人潜力

《大学》开篇有云："大学之道，在明明德，在亲民，在止于至善。知止而后有定，定而后能静，静而后能安，安而后能虑，虑而后能得。物有本末，事有终始。

知所先后，则近道矣。"① 这句话的核心就是知止而定，有了目标才能够思想坚定，思想坚定才能有所思考，有所收获。可以说，大学生正处于人生的探索期，大学里不仅要学知识、锻炼技能，更要注重学术的交流和精神上的交往，在主体性基础上思索未来，寻求人生的奋斗目标并向着目标努力提升自己，最终达到自我实现的目标。

二、职业生涯规划的价值

职业生涯规划不仅具有很重要的理论价值，同时还具有很强的现实意义。大学生进行职业生涯规划的现实意义，体现在以下几个方面：

（一）帮助大学生全面认知自我

很多大学生能够充分了解自己的个性、兴趣和能力，却不清楚自己喜欢的职业和不喜欢的职业。通过职业生涯规划，大学生能够充分认知自我，正确合理地认识自身，通过科学的方法来对自己进行评估，从而实现自我定位和职业定位，选择自己喜欢并适合自己的职业。

（二）进一步提高大学生应对社会竞争的能力

当今社会，在市场经济的条件下，各种竞争日益激烈，要想在竞争中占领有利的位置，就需要找到一个适合自己发展的平台。

（三）激励大学生合理安排大学的学业

大学生的学业规划应该以职业为导向，也就是说，选择什么样的职业，就应该有相应的学业规划，每个人的学业规划不是完全相同的，多多少少会存在差异。

（四）合理配置就业市场中的各类人才

大学生的盲目就业往往会让本已混乱的人才市场雪上加霜。职业生涯规划把毕业生引导到人职匹配的良性择业道路上，为人才市场的供求理顺了秩序，从而为社会发展带来勃勃生机。

---

① 郭庆祥.《大学》人生大学问[M]. 北京：东方出版社，2012.

（五）提高大学生的职业能力

职业生涯规划教育可以使大学生找到适合自己的就业方向，有意识地提高自己的综合素质，锤炼综合能力，进而对相关的社会实践活动进行不断的尝试，提高自己的社会责任感和受挫能力，最终使自己的综合职业能力得到较大提升，得到用人单位的认可并顺利进入职场，完美地实现自己的人生价值。

第四节　职业生涯规划的常见理论

不同的人，其生涯发展经历和所走道路是不一样的，会呈现多样化的规划方案和成长轨迹。尽管每个人都有太多不同的经历，但仍有一些普遍适用的基本准则和规律，这些科学的方法是需要每个人遵循的。

关于职业生涯规划的基本理论，目前大致可以分为以下几种类型：职业选择理论、职业发展理论和职业决策理论。它们从不同的角度对个人职业选择和职业发展的问题进行了研究和阐述。职业选择理论从静态的角度来探讨个人特质与职业之间的匹配问题，重视个人的需要、能力、兴趣和人格等内在因素在职业选择中的作用。职业发展理论从动态的角度探讨个人职业生涯的成长历程，强调自我概念、自我职业决策能力的发展。职业决策理论主要探讨个人应该如何进行职业选择的问题。

对于大学生来说，初步了解和掌握这些理论是很重要的，而且这些理论本身对于了解自我，了解职业生涯发展的阶段和规律、职业抉择本质以及职业决策的方法和步骤等都很有帮助。

一、职业选择理论

职业选择是指人们从对职业的评价、意向、态度出发，依照自己的职业期望、兴趣、爱好、能力等，从社会现有的职业中挑选其一的过程。职业选择的目的在于使自身能力素质和职业需求特征相符合。选择职业是人生大事，因为职业决定了一个人的未来发展。选择职业就是选择将来的自己。选择什么样的工作，很大程度上就等于选择了什么样的人生。那些事业有成的人，并不一定比别人聪明，他们成功的关键在于找到了适合自己的职业。合适的职业使他们的个人才能得到充分发挥，为他们带来了无限的创造机会，也带来了事业的成功。因此，在选择什么样的职业之前，一定不要只根据工资待遇等物质条件做决定。最重要的是，要先问问自己，自己究竟有哪些特点，究竟想要过什么样的人生。比如，一个充满热情和抱负，喜欢接受新鲜事物和工作挑战的人，却选择了一份十分安逸清闲的工作，那这个人每天的工作都成为理想与现实的痛苦"拉锯战"，其结果也只能是两种：要么妥协，热情渐渐被消磨，志气一点点被削弱；要么经过复杂的心理斗争，最终还是选择辞职，继续为自己的理想而奋斗。

在职业选择理论中有几个著名的理论，如帕森斯特质因素理论、霍兰德人格类型理论和施恩的职业锚理论。

（一）帕森斯特质因素理论

特质因素理论是美国职业指导专家帕森斯提出的，是最早的职业辅导理论，也是用于职业选择的经典理论之一。特质就是人的生理、心理特质，或总称为"人格特质"；因素是指客观工作标准对人的要求。

特质因素理论以个性心理学和差异心理学为基础，承认人的个性结构存在客观差异，强调心理因素在职业选择中的匹配作用，重视心理测量技术的运用和问题的诊断，认为职业选择就是使职业兴趣、职业能力与职业所需要的素质相匹配。

1. 职业挑选的三个步骤

（1）探究个人，即评价求职者的生理和心理特点（特质）。通过心理测量及其他测评手段，获得有关求职者的身体状况、能力倾向、兴趣爱好、气质与性格等方面的个人资料。这些测验包括如下几种：①成就测验：用以了解一个人究竟学会了多少东西，有哪些是对工作有价值的。②能力测验：测试个人的最佳状态，并展现他在多大程度上能胜任某项工作。③人格测验：测试个人未来最适合担任哪类工作，并可能实现多大的发展程度。

而后，通过会谈、调查等方法获得有关求职者的家庭背景、学业成绩、工作经历等情况，并对这些资料进行评价。

（2）分析各种职业对人的要求（因素），并向求职者提供有关的职业信息，如职业描述、工作条件、薪水等。它包括以下几种：①职业的性质、工资待遇、工作条件以及晋升的可能性。②求职的最低条件，如学历要求、所需的专业训练、身体要求、年龄、各种能力以及其他心理特点的要求。③为准备就业而设置的教育课程计划，以及提供这种训练的教育机构、学习年限、入学资格和费用等。④就业机会。

（3）入职匹配。入职匹配即整合个人和工作领域的信息，这是特性因素理论的核心。在职业指导过程中，帕森斯提出了职业设计的三要素模式。①清楚地了解自己，包括能力、兴趣、自身局限和其他特质等，以便做到特性匹配，即不同的人去干适合自己的"活"。②了解各种职业必备的条件及所需的知识，不同工作岗位所占有的优势、不足和补偿、机会、前途，以便做到因素匹配，即要知道某类"活"适合什么样的人。③上述两者的平衡，即指导人员在了解求职者的特性和职业各项指标的基础上，帮助求职者进行比较分析，以便选择一种适合其个人特点又有可能在职业上取得成功的职业。

2. 入职匹配的种类

帕森斯认为职业与人的匹配，分为两种类型。

（1）条件匹配。如所需专门技术和专业知识的职业与掌握该种特殊技能和专业知识的择业者相匹配；脏、累、险等劳动条件很差的职业，需要吃苦耐劳、体格健壮的劳动者与之匹配。

（2）特长匹配。某些职业需要从业者具有一定的特长。如具有敏感、易动感情、不守常规、有独创性、理想主义等人格特性的人，宜于从事审美性、自我感情表达的艺术创作类型的职业。

3. 特质因素理论的制约性

特质因素理论自产生以来经久不衰，但该理论也有其制约性。

（1）按照帕森斯特质因素理论的观点，社会上不同的职业具有不同的因素，它们要求工作人员具有一定的个人特质。在长期的实践中，人们发现，尽管一些职业的录用标准得以确定，心理测量的工具日臻完善，技术水平不断提高，但因职业种类繁多，并且职业发展演化迅速，难以确定各种职业所需要的个人特质。

（2）心理测量工具的信度和效度也不能尽如人意，受多种因素的影响，以此为基准的入职匹配过于客观化，而对人本身的诸如态度、期望、人格、价值观等择业主体的主观因素重视不够,这样的入职匹配是粗疏的,尤其是毕业生在择业环节上,完全实现入职匹配更是难以实现的。

(3)理论中的静态观点和现代社会的职业变动规律不相吻合,它只是强调了什么样的个人特质适合做什么工作,却忽视了社会因素对职业规划的影响和制约作用。目前我国的毕业生受应试教育及统一培养模式的影响,个人特质不明显、个性不突出,同时社会发展也还未达到入职匹配的要求。

尽管该理论存在着以上局限,但该理论在职业选择过程中的指导作用是不容否认的。我们在职业选择过程中,要充分分析自己的特质,并充分了解相关职业的要求,在全面了解自我、了解职业的情况下,努力做到入职匹配。

(二)霍兰德人格类型理论

约翰·霍兰德是美国约翰·霍普金斯大学心理学教授,是美国著名的职业指导专家。他于1959年提出了具有广泛社会影响的人格类型理论,他认为人的人格类型、兴趣与职业密切相关。兴趣是人们活动的巨大动力,凡是能使人产生兴趣的职业,都可以提高人们的积极性,促使人们积极地、愉快地从事该职业。而且,职业兴趣与人格之间存在很高的相关性,每一种特殊类型人格的人,会对相应职业类型中的工作或学习感兴趣。霍兰德人格类型理论可以归纳为以下几个方面:

1. 个人和环境间的关系

大多数社会学家认为,一个人生理和社会环境的特征会影响个体的行为。这些环境特征不仅中和了个体的行为,而且在相当长的一段时间内还中和了文化以及社会环境。我们在分析一个人的时候,不仅要分析他或她先天的个性特征,还要分析这个人成长或生活的环境特征。霍兰德对于"个人与环境之间的匹配",有如下一些代表性观点:

(1)个人做出职业选择的依据就是寻找那些能够满足自己成长的环境。

(2)对自己的工作环境知道得越多,就越容易做出正确的职业选择。

(3)职业的选择应该是慎重的,它反映了这个人的动机、知识、个性和能力。

职业代表了一种生活方式,它是一种环境而不是一系列相互孤立的工作项目和技能。一种职业不仅意味着要有某种特定的形象(社会角色),还意味着要有某种特殊的生存方式。从这层意义上来讲，一种职业的选择代表着一系列信息，如某人的工作动机、对于职业的看法，以及对自身能力的认识。

2. 四项核心假设

人格类型理论是建立在以下四项核心假设基础上的：

假设一：在我们生活的社会文化环境中，大多数人的人格类型可以归纳为六种：现实型（Realistic，R）、调研型（Investigative，I）、艺术型（Artistic，A）、社会型（Social，S）、企业型（Enterprising，E）、传统型（Conventional，C）。每一种特定人格类型的人，都会对相应职业类型中的工作或学习感兴趣。

假设二：现实生活中存在与上述人格类型相对应的六种环境类型：现实型、调研型、艺术型、社会型、企业型和传统型。

假设三：人们总是在积极寻找适合他们的职业环境，在其中他们能够充分施展自己的技能和能力，表达他们的态度和价值观，并且能够完成那些令人愉快的使命和任务。

假设四：一个人的行为表现是由其个性特征和环境特征交互作用决定的。

3. 人格种类和职业种类匹配模型

在上述假设的基础上，霍兰德进一步提出了人格类型与职业类型的匹配模型。霍兰德认为，"同一类型的劳动者与职业互相结合，便是达到适应状态，劳动者找到适宜的职业岗位，其才能与积极性会得到很好发挥。"[1]

在现实生活当中，人们迫于各种条件的限制，并不都能按照各自的人格特征和职业兴趣来进行职业选择。然而，只要现实条件允许，大多数人总是倾向于选择与自己的人格特征、兴趣爱好相符的职业。可上述提到的六种人格类型及其对应的典型职业选择是种理想化的划分，由于人的社会性和多样性，个体的人格类型并不是单一和绝对的，大多数人并非只有一种性向（如一个人的性向中很可能同时包含着社会性向、现实性向和调研性向）。霍兰德认为，这些性向越相似，相容性越强，则一个人在选择职业时所面临的内在冲突和犹豫就会越少。为了帮助描述这种情况，霍兰德建议将这六种性向分别放在一个正六角形的每一角，如图 1-4-1 所示。

---

[1] 百度知道网.霍兰德从六个类型中提出了几个在理论操作上的衍生假设……[EB/OL].（2022-12-18）[2023-05-23].https://zhidao.baidu.com/question/818263221705695772.html.

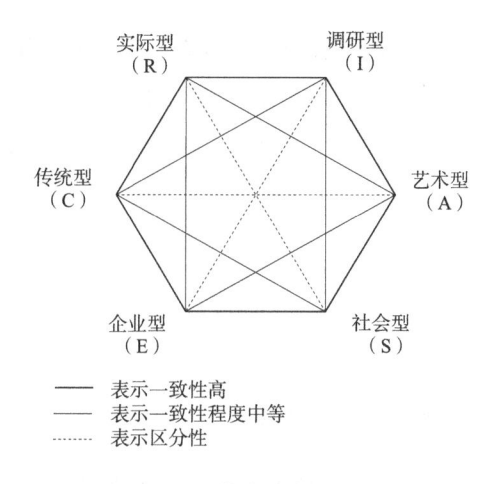

图 1-4-1　霍兰德人格类型六角形模型

在六角形模型上，两种职业类型之间的距离越近，其职业环境及人格特质的相似度越高，即相似度较高的职业性向是相邻关系，其次是相隔关系，那些极不相关的则是位于六角形中对角线的位置。比如，实际型与传统型、调研型相关性较强，而与社会型相关性很弱。

两种类型的职业相关系数越大，人的适应程度就越高。如果统一在一个点上，表明劳动者类型与职业类型高度相关，即同一类型的劳动者从事了相应类型的职业，在此种情况下，人员配置最适宜，是最好的职业选择。霍兰德认为，求职者在进行职业选择时应尽量选择与自己人格特质相一致的工作环境模式，这样比较容易获得职业上的成功以及心理上的愉悦。

（三）施恩的职业锚理论

职业锚理论由在职业生涯规划领域具有重大影响的美国麻省理工学院斯隆商学院、美国著名的职业指导专家埃德加·H.施恩教授领导的专门研究小组创立。职业锚，又称"职业系留点"。锚，是使船只停泊定位用的铁制器具。职业锚，是指当一个人不得不进行选择时，他无论如何都不会放弃的职业中至关重要的东西或价值观，实际上就是人们选择和发展自己的职业时所围绕的中心。

职业生涯规划实际上是一个持续不断的探索过程。在这一过程中，每个人都根据自身的天赋、能力、动机、需要、态度和价值观等慢慢形成较为明晰的与职业有关的自我概念，逐渐形成一个占主导地位的职业锚。在实际工作中，个人往往会重新审视自我动机、需要、价值观以及能力，逐步明确个人需要与现阶段的差距，明确自己的擅长之处及发展的重点，并且针对符合个人需要和价值观的工作，以及适合于个人特质的工作，自觉或不自觉地改善、增强和发展自身的才干，达到自我满足和补偿的效果。经过这种整合（也许是多次的选择和比较），个人便寻找到自己的职业锚。

二、职业发展理论

（一）金斯伯格的职业生涯发展理论

金斯伯格的职业生涯发展理论是由美国著名的职业指导专家、职业生涯发展理论的先驱和代表人物——金斯伯格提出的理论，研究的重点是从童年到青少年阶段的职业心理发展过程。他将职业生涯的发展分为幻想期、尝试期和现实期三个阶段。

1. 幻想期

幻想期为11岁之前的儿童时期。儿童们对大千世界，特别是对他们所看到或接触到的各类职业工作者，充满了好奇感。此时职业需求的特点是：单纯凭自己的兴趣爱好，不考虑自身的条件、能力水平和社会需要与机遇，完全处于幻想之中。

2. 尝试期

尝试期为11—17岁，这是由少年儿童向青年过渡的时期。此时，人的心理和生理迅速成长发育和变化，开始形成独立的意识，价值观念开始形成，知识和能力显著增长和增强，初步懂得社会生产和生活的经验。在职业需求上呈现出的特点为：有职业兴趣，但不仅限于此，更多的是客观地审视自身各方面的条件和能力；开始注意职业角色的社会地位、社会意义，以及社会对该职业的需要。

3. 现实期

现实期为17岁以后的青年时期。即将步入社会劳动，能够客观地把自己的职业愿望或要求，同自己的主观条件、能力，以及社会现实的职业需要紧密联系和协调起来，寻找适合自己的职业角色。此时所需求的职业不再模糊不清，而是已有的、具体的、现实的职业目标；表现出的最大特点是客观性、现实性、求实性。

（二）舒伯的职业生涯发展理论

唐纳德·E.舒伯（DonaldE.Super）是美国一位有代表性的职业管理学家，他的职业生涯发展阶段理论是一种纵向职业指导理论，重在对个人的职业倾向和职业选择过程本身进行研究，建立在生涯整合观念之上，强调的是主客观的互相作用，这种互相作用实际上系统地阐述了一种生涯发展模式，并被视为一种独立的理论流派。他把职业生涯的发展看成一个持续渐进的过程，一直伴随一个人的一生，其主要理论观点有如下几点。

1. 自我概念

自我概念是舒伯职业生涯发展理论中的核心概念。自我概念是指个人对自己的兴趣、能力、价值观及人格特征等方面的认识。一个人的自我概念在青春期以前就开始形成，至青春期较为明朗，并于成人期由自我概念转化为职业生涯概念。工作与生活满意与否，就在于个人能否在工作和生活中找到展现自我的机会。

2. 职业生涯发展阶段

舒伯认为，人的职业生涯发展分为五个阶段。

（1）第一阶段：成长阶段（0—14岁）。这个阶段是认知阶段。在这一阶段，儿童开始辨认周围的事物，并逐渐意识到自己的兴趣所在以及和职业相关的一些最基本技能。个人开始考虑自己的将来，逐渐具备一定的生活控制能力，获得胜任工作的基础，并且在该阶段末期，越来越意识到和关心长远的未来。个人所要做的，是通过学校学习、社会活动来认识自我，理解世界及工作的意义，初步建立起良好的人生态度。

主要任务：认同并建立起自我概念，对职业好奇占主导地位，并逐步有意识地培养职业能力。

舒伯将这一阶段，具体分为三个成长期。

①幻想期（10岁之前）：儿童从外界感知到许多职业，对于自己觉得好玩和喜爱的职业充满幻想并进行模仿。

②兴趣期（11—12岁）：以兴趣为中心，理解、评价职业，开始进行职业选择。

③能力期（13—14岁）：开始考虑自身条件与喜爱的职业相符与否，有意识地进行能力培养。

（2）第二阶段：探索阶段（15—24岁）。这个阶段是职业认同阶段。青少年开始尝试一些自己感兴趣的职业活动，对自我能力及角色、职业进行探索。在这一阶段，个人有了初步的职业选择范围，并且为之准备学习或实践。深化对职业和工作的认识，将自身学习成果和实践经验沉淀结晶，具体化自己的职业方向，并初步实施。

主要任务：通过学校学习进行自我考察、角色鉴定和职业探索，完成择业及初步就业。

这一阶段也可分为三个时期。

①试验期（15—17岁）：综合认识和考虑自己的兴趣、能力与职业社会价值、就业机会，开始进行择业尝试。

②过渡期（18—21岁）：正式进入劳动力市场，或者进行专门的职业培训，明确某种职业倾向。

③尝试期（22—24岁）：选定工作领域，开始从事某种职业，对职业发展目标的可行性进行实验。

（3）第三阶段：建立阶段（25—44岁）。这个阶段是稳定职业阶段。个人通过不断努力来获得职业生涯的发展和成就，逐渐在自己所从事的领域中占有一席之地，并增加作为家庭照顾者的角色。有些时候，个人在这期间（通常是希望在这一阶段的早期）能够找到合适的职业，并随之全力以赴地投入有助于自己在此职业中取得永久发展的各种活动之中。

人们通常愿意（尤其是在专业领域）早早地就将自己锁定在某一已经选定的职业上。然而，在大多数情况下，在这一阶段人们仍然在不断地尝试与自己最初的职业选择有所不同的各种职业。

主要任务：找到一个合适的工作领域，并谋求发展。这一阶段是大多数人职业生涯周期中的核心部分。

这个阶段也经过两个时期。

①选择期（25—30岁）：为改善工作职位或状态而不断进行调整，以求早日立业。对初始就业选定的职业不满意，可以再选择、变换职业工作；也可能满意初选职业而无变换。在这一阶段，个人确定当前所选择的职业是否适合自己，如果不适合，就需要进行一些调整。

②稳定期（31—44岁）：最终确定职业，开始致力于稳定工作。在这一阶

段，人们往往已经定下了较为坚定的职业目标，并制订较为明确的职业计划来确定自己晋升的潜力、工作调换的必要性，以及为实现这些目标需要开展的教育活动等。

需要注意的是，在这一阶段的30多岁和40多岁之间的某个时间段上，有的人可能会进入一个职业中期危机阶段。在职业中期危机阶段，人们往往会根据自己最初的理想和目标对自己的职业进步情况重新加以评价。他们有可能会发现，自己并没有朝着自己所梦想的目标靠近，或者已经完成他们所预定的任务之后才发现，自己过去的梦想并不是自己所想要的。在这一时期，人们还有可能会思考，工作和职业在自己的全部生活中到底多重要。通常情况下，这一时期的人们不得不面对一个艰难的抉择，即判定自己到底需要什么，什么目标是可以达到的，以及为了达到这一目标自己需要做出多大的牺牲。

（4）第四阶段：维持阶段（45—64岁）。在这个阶段，个体已经找到了适合的领域，并努力保持在这个领域的成就。与前一阶段相比，这个阶段发生的变化主要是职位、工作和单位的变化，而不是职业的变化。个人应维持已取得的成就和社会地位。

主要任务：开发新的技能，维护已获得的成就和社会地位，维持家庭和工作两者间的和谐关系，寻找接替人选。

（5）第五阶段：衰退阶段（65岁及以上）。这个阶段是退休阶段。由于生理、心理机能和工作能力日益衰退，个人职业角色的分量逐渐减少，重心逐步由工作向家庭和休闲转移，个人开始安排退休或开始退休生活，发展新的角色，从精神上寻求新的满足点，以替代和满足需求。

"主要任务：逐步退出职业和结束职业，开发非职业性社会角色，减少权利和责任，适应退休后的生活。"[1]

3. 职业循环发展理论

在舒伯的职业生涯发展阶段中，每个阶段都有一些特定的发展任务需要完成，每个阶段要达到一定的发展水准或成就水准，而且前一阶段发展任务的达成关系后一阶段的发展。舒伯认为，生涯发展的各个阶段同样要面对成长、探索、建立、

---

[1] 蔺桂瑞.舒伯的生涯发展理论与我国的职业指导[C].北京：北京航空航天大学出版社，2001：244-247.

维持和衰退的问题，因而形成"成长—探索—建立—维持—衰退"的循环，[①] 如表1-4-1所示。

表1-4-1 循环式发展任务

阶段	青年（15—24岁）	成年早期（25—44岁）	中年（45—64岁）	老年（65岁及以上）
成长	发展适宜的自我观念	学习与他人间的关系	接纳个人的限制	发展非职业性的角色
探索	寻找更多的工作机会	紧抓机会，做自己喜欢做的事	辨识新问题并设法解决	寻找适合的退休后活动场所
建立	开始创业	安于现职	学习新的技能	从事向往已久的事
维持	验证当前的职业选择	设法保持工作的安定	巩固自己，面对竞争	保持仍有兴趣的事
衰退	减少用于嗜好的时间	减少运动时间	集中于主要活动	减少工作时间

举例来说，如一个大一的新生，必须适应新的角色与学习环境，经过"成长"和"探索"，一旦"建立"了较固定的适应模式，同时"维持"了大学学习生活之后，又要开始面对一个新的阶段——准备求职。原有的已经适应了的习惯会逐渐衰退，继而对新阶段的任务又要进行成长、探索、建立、维持与衰退，如此循环往复。

4. 生涯彩虹图

舒伯认为，一个人的职业生涯发展与个人在各个阶段所扮演的各种角色，如儿童、学生、休闲者、公民、工作者、夫妻、家长、父母和退休者有关。人在不同的生活阶段，需要平衡不同的角色，如学生、工作者、家庭成员等。如果人在某一阶段过度关注某一角色，可能会获得该角色的成功，但也可能会损害其他角色的发展或满足。舒伯将发展的各个阶段称为"生活广度"，将个人扮演的角色称为"生活空间"。生活广度和生活空间交汇可以绘制为生涯彩虹图，描绘出生涯发展阶段与角色彼此间交互影响、多重角色生涯发展的状况，如图1-4-2所示。

[①] 蔺桂瑞. 舒伯的生涯发展理论与我国的职业指导 [C]. 北京：北京航空航天大学出版社，2001：244-247.

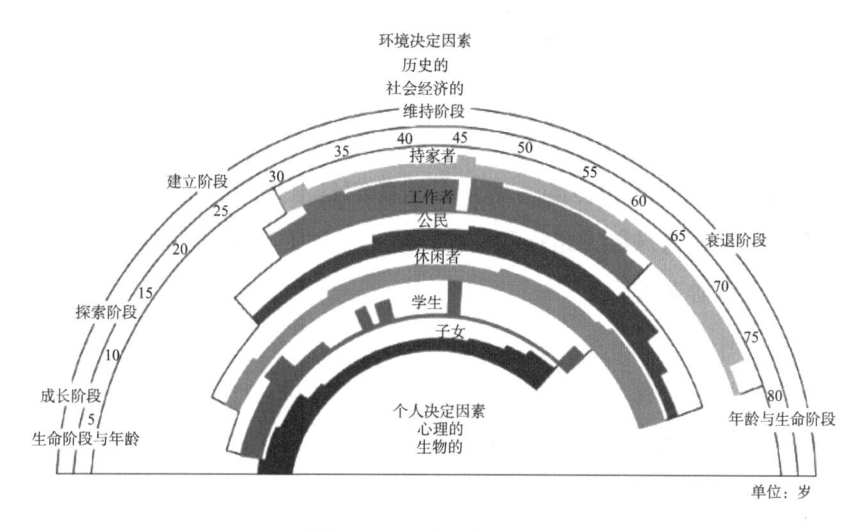

图 1-4-2　生涯彩虹图

图 1-4-2 中，最外面的那层代表横跨一生的生活广度，即生涯发展的各阶段。内部各层由一系列生涯最基本的角色组成，代表纵观上下的生活空间。阴影代表在各个阶段对角色的投入程度，阴影越厚则代表角色投入越多。生涯彩虹图简单精确地告诉我们各阶段该如何调配角色安排，有利于我们设计自己的生涯规划。

通过这个形象的图片，我们可以发现，舒伯把人生分为三个层面：第一是时间层面，就是一个人的生命历程；第二是广度层面，就是一个人终其一生所扮演的各种不同角色；第三是深度层面，就是扮演每个角色时所投入的程度。这三者的结合，就是舒伯所理解的生涯。

三、职业决策理论

（一）克朗伯兹社会学习理论

美国心理学家克朗伯兹及其同事首先将班杜拉的社会学习理论用于职业领域。这个理论形成于 1976 年，在 1979 年进行了修订。其基本假设是：一个人的人格和行为的全部组成部分可以最有效地用他独特的学习经验加以解释，这些经验受先天因素和发展过程的影响。这一理论认为，人是有智慧的、能解决问题的生命体，他们努力了解其周围环境的各种可能性，并反过来控制环境以适应人类的目的和需要。

"克朗伯兹认为，影响职业选择有多种因素，最主要的应包括以下四个因素。"[①]

1. 遗传与特殊能力

这一因素包括先天遗传的一些会限制我们自由选择的特质，如种族、性别、外在仪表特征等；特殊能力是指我们在环境中学习而形成的兴趣、能力，如智力、音乐能力、身体协调能力。

2. 环境条件

这一因素主要是影响教育和职业的外在因素，如工作机会、家庭影响、物理环境影响（台风、地震等）、相关法律政策等。

3. 学习经验

学习经验包括工具式学习经验（操作性条件反射学习）和联结式学习经验（经典条件反射学习）。

工具式学习经验中，有三个重要内容：前因、行为（外显或内隐的）和结果（强化或惩罚）。我们的某个行为如果导致了一个"好"的结果，则我们学习到该行为并倾向于提高发生该行为的频率。如工作认真被老板看到并得到了额外奖金，便倾向于表现出更多的认真工作的行为。

联结式学习经验。原本是指中性的刺激和那些社会中使得个人产生积极或消极情绪反应的刺激同时出现而产生的联结，使中性的刺激也获得了意义。如孩子第一次在爸爸面前展示自己的画作（展示画作是中性刺激），而爸爸当天因为在公司受气就对孩子发火（使孩子产生消极情绪反应的刺激），孩子自此不敢在爸爸面前展示自己画的画（中性刺激被"赋予"了消极意义）。

4. 工作取向技能

这类因素包括个人解决问题的能力、工作习性、工作或行为的价值与标准、知觉和认知的历程。这一因素受到上面三个因素的影响，同时也会影响到上面的三个因素。

这几个因素交互作用，会产生一系列的结果。

（1）自我观察推论，即对自我的评估和定位。通过学习经验的积累，我们

[①] 人人范文网. 生涯决策理论之克朗伯兹的职业决策社会学习论[EB/OL].（2020-03-03）[2023-05-23].https://www.inrrp.com.cn/html/a25f925c454d049f.html.

对某些事物产生了兴趣（在这里，兴趣是学习经验的结果），知道了我们能否在某个方向上持续发展。

（2）世界观推论，即我们对环境和未来的评估和推论。这也与自我观察推论一样，很大程度上和个人的学习经验有关。

（3）工作取向能力，即个人学习到的各种认知与表现的能力。

（4）行动，即个人在实际中付诸实现目标的行动。

社会学习理论认为，在职业生涯中，不单单是人在选择职业，职业也会选择人；生涯选择不是偶发事件，其前导事件具有复杂性，使得任何对个人职业的预测都不大可靠。该理论主张，我们应该在社会变迁中学习，增强适应变化的能力；我们必须扩展能力与兴趣，生涯决定不能够仅仅依靠当下的特质；我们必须随时培养职业应变能力（因为各行各业的工作总是会有所变动）；我们应当从发生的意料之外的事件中发现机会，抓住机会去学习成长。

（二）认知信息加工理论

认知信息加工理论认为，职业生涯发展就是看一个人如何做出职业生涯决策，以及在职业生涯问题解决和职业生涯决策过程中如何使用信息的。

1. 基本假设

（1）职业生涯选择源于认知过程和情感过程的交互作用。

（2）进行职业生涯选择是一个问题解决过程。

（3）职业生涯问题解决者的能力取决于知识和认知操作的可利用性。

（4）职业生涯问题解决是一项负担很重的任务。

（5）职业生涯问题解决要有动机。

（6）职业生涯发展包括知识结构方面的持续发展和变化。

（7）职业生涯认同取决于有关自我的知识。

（8）职业生涯成熟度取决于一个人解决职业生涯问题的能力。

（9）职业生涯咨询的最后目标通过促进信息加工技能的发展而达到。

（10）职业生涯咨询的最终目的是提高当事人作为职业生涯问题解决者和决策制定者的能力。

2. 认知信息加工金字塔模型

认知信息加工金字塔模型，如图1-4-3所示。

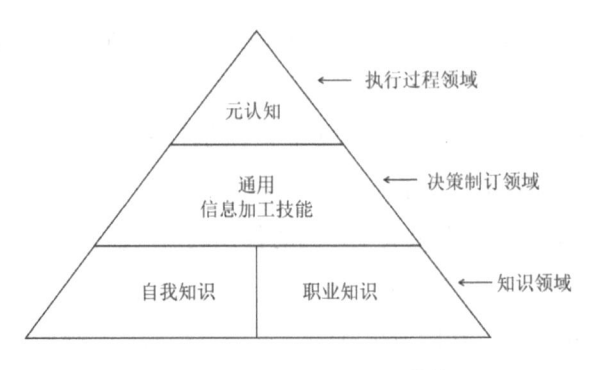

图 1-4-3　认知信息加工金字塔模型

（1）知识领域。知识领域包括职业知识和自我知识。

①职业知识。职业知识指一个人对职业世界的认识，共分为两类：个别职业的知识与职业之间结构关系的知识。

②自我知识。自我知识包含了个人经验，也包括个人对自我兴趣、能力、价值与需求有关的知识。这些自我知识的统合就形成了一个人对自我的认知推论。

（2）决策制定领域。认知信息加工金字塔模型的中间层是决策制定领域。它把基本的决策制定能力分为以下五个步骤：沟通、分析、综合、评价与执行，统称"通用信息加工技能"。

①沟通。这是"意识到我需要做出一个选择"的阶段。在这个阶段，我们从认知和情绪上充分地与问题"接触"。当我们充分意识到这些信息沟通时，说明存在一个问题或差距并且已不容忽视，接着才能开始分析问题的根源，探索其成因。

②分析。这是"了解自己和自己的各种选择"的阶段。在这一阶段，职业生涯问题解决者通常会提高自我认知，尤其是在兴趣、价值观和技能领域，还要不断了解职业领域、学习领域、休闲领域、工作组织和工作的类型、地理位置等各种信息。简而言之，分析涉及了在第一阶段造成差距的所有因素，并在自我知识和选择这两个领域之间建立联系。分析还涉及更多地了解个人平时是如何进行重要决策的，以及对待生涯问题解决和决策制定过程的态度如何。通过分析，我们可以得出一个职业生涯问题及其成因的心理模型。

③综合。在这一阶段，综合和加工分析以上阶段提供的信息，从而制订消除问题或差距的行动方案。这是一个"扩大或缩小自己的选择清单"阶段。先尽可

能多地找到消除差距的各种选择，然后将选择的范围缩小。

④评价。评价阶段是当事人面临价值取舍的冲突阶段。其第一步是评估每一种选择对问题解决者和他人的影响，第二步是对综合阶段得出的各种选择进行排序。

⑤执行。执行阶段是将认知转换为有计划、有策略的行动阶段。行动之前有目标，目标之后有具体行动步骤，解决理想与现实的落差。

（3）执行过程领域。认知信息加工金字塔模型的最上层是执行过程领域。它主宰着对认知策略的选择与排序，所扮演的是一种综合性监督的角色，被称为"元认知"。它的技术主要有自我语言、自我觉察、控制与监督三类。

第五节　职业生涯规划的方法和流程

一、职业生涯规划的方法

（一）"5W"归零思考法

1. 定义

"5W"归零思考法是一种简单易行的职业生涯规划方法。从问自己是谁开始，一直问下去，共有五个问题，每个问题的前面都有一个英文字母"W"。

（1）Who am I？（自己是谁？）

（2）What will I do？（自己想做什么？）

（3）What can I do？（自己能做什么？）

（4）What does the situation alow me to do？（环境支持自己做什么？）

（5）What is the plan of my career and life？（自己的职业与生活规划是什么？）

回答了上述五个问题，找到它们的共同点，就有了自己的职业生涯规划。

2. 流程

首先取出五张白纸、一支铅笔、一块橡皮，在每张纸的最上边分别写下以上五个问题；然后，静下心来，排除干扰，按照顺序，仔细思考每一个问题。

对于第一个问题"自己是谁？"，回答的要点是：面对自己，真实地写出每一个想到的答案；写完了再想想有没有遗漏，认为确实没有了，按重要性进行排序。对于第一个问题，应回答以下具体问题：

（1）自己的性格是？

（2）自己的能力是？

（3）自己的理想是？

（4）自己的未来是？

（5）别人认为自己是？

对于第二个问题"自己想干什么？"，可将思绪回溯到孩童时代，从萌生第一个想干什么的念头开始，然后随年龄的增长，回忆自己真心向往过的想干的事，并一一地记录下来；写完后再想想有无遗漏，确实没有了，再进行排序。对于第二个问题，应回答以下具体问题：

（1）自己小时候想做的工作是？

（2）自己中学时想做的工作是？

（3）自己现在想做的工作是？

（4）父母希望自己做的工作是？

对于第三个问题"自己能做什么？"，是对自己能力与潜力的全面总结，一个人职业的定位最终还是要归结于自己的能力，而自己职业发展的空间则取决于自己的潜力。一个人对自己潜力的了解可从以下几方面入手：对事情的兴趣，做事的韧性，以及知识结构是否全面等。对于第三个问题，应回答以下具体问题：

（1）自己小时候曾做成的事情是？

（2）自己中学时曾做成的事情是？

（3）自己大学时曾做成的事情是？

（4）自己认为我还能做成的事情是？

（5）别人认为自己能做成的事情是？

对于第四个问题"环境支持自己做什么？"的回答，则要稍作分析：环境有大小之分，由本学校、本市、本省，自小向大，只要认为自己有可能接触的环境，都应在考虑范畴之内；在这些环境中，认真想想自己可能获得什么支持和允许，一一写下来，再以重要性排序。对于第四个问题，应回答以下具体问题：

（1）自己所在的班级支持我做的事情是？
（2）自己所在的院系支持我做的事情是？
（3）自己所在的学校支持我做的事情是？
（4）自己所在的城市支持自己做的事情是？

如果能够成功回答第五个问题"自己的职业与生活规划是什么？"，我们就有最后答案了。把前四张纸和第五张纸一字排开，然后认真比较第一张至第四张纸上的答案，将内容相同或相近的答案用一条横线连起来，得到几条连线，而不与其他连线相交又处于最上面的连线，就是我们最应该去做的事情。我们的职业生涯就应该以此为方向。接下来可以在此方向上以三年为单位，提出近期、中期与远期的目标；再在近期的目标中提出今年的目标；将今年的目标分解为季度目标、月目标、周目标、天目标。这样，我们每天睡前就可以对照自己的目标进行反省，总结当日成就与失误、经验与教训，修正明天的目标与方法，第二天醒来后稍加温习就可以投入新的行动了。

（二）三角模式法

美国伊利诺伊大学的斯威恩教授为帮助大学生对职业生涯进行良好的规划，提出了职业生涯规划的三角模式，如图1-5-1所示。他认为，职业生涯目标的决策来自四个方面的依据：自我、环境、教育与职业。职业生涯规划的过程就是通过价值观、个人兴趣、个人风格的自我评估，结合来自家庭和环境等社会的助力或阻力进行分析，再根据在教育和职业的实践、考察中树立起来的榜样，逐渐发展对自己职业生涯的认同，最终建立起自己的职业生涯目标。

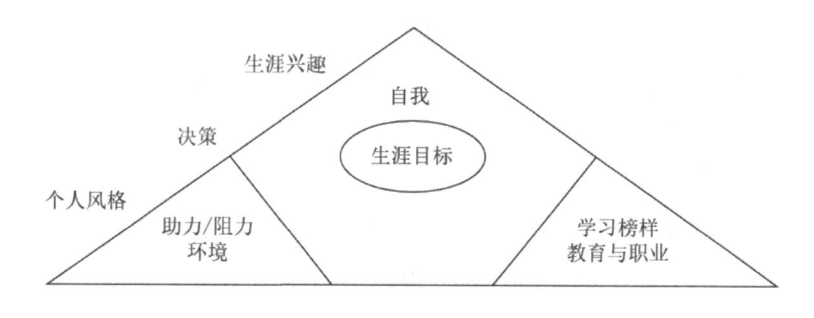

图1-5-1 三角模式职业生涯规划示意

(三) PPDF 法

PPDF 的英文全称是 Personal Performance Development File，即个人职业表现发展档案，也可译成个人职业生涯发展道路。发达国家的很多企业使用 PPDF 来将员工形成合力，提升团队凝聚力，使员工为了自己定下的目标去努力实现自我价值，实现双赢。

PPDF 是两本完整的手册。员工将 PPDF 的所有项目填好后，交给自己的直接领导一本，自己留下一本。员工要告诉领导自己想在什么时间内，以什么方式来达到自己的目标。领导会同员工一起研究、分析其中的每一项内容，给员工指出哪一个目标设计得太远，应该再近一点儿；哪一个目标设计得太近，可以将它往远处推一推。领导也可告诉员工，在什么时候应该和专业培训单位联系，还可亲自为员工设计一个更适合员工发展的方案。总之，不管怎样，员工将和自己相信的领导一同探讨自己该如何发展、奋斗。

PPDF 主要由以下几方面内容组成：

1. 个人情况

（1）个人简历：包括个人的生日、出生地、部门、职务、现住址等。

（2）文化教育：初中以上的校名、地点、入学时间、主修专题、课题等；所修课程是否拿到学历，在学校负责何种社会活动等。

（3）学历情况：所有的学历、取得的时间、考试时间、课题以及分数等。

（4）曾接受过的培训：曾受过何种与工作有关的培训（如在校、业余还是在职培训）、课题及其形式、开始时间等。

（5）工作经历：按顺序填写以前工作过的单位名称、工种、工作地点等。

（6）有成果的工作经历：写上以前有成绩的工作，不要写现在的。

（7）以前的行为管理论述：个人对工作的评价，以及关于行为管理的事情。

（8）评估小结：对档案里所列的情况进行自我评估。

2. 现在的行为

（1）现时工作情况：应填写现在的工作岗位、岗位职责等。

（2）现时行为管理文档：写上现在的行为管理文档记录，可以加一些注释。

（3）现时目标行为计划：设计一个目标，同时列出和此目标有关的专业、经历等。这个目标是有时限的，要考虑到成本、时间、质量和数量。如果有什么问题，可以立刻同上司探讨解决方法。

（4）如果个人有了现时目标，它是什么？

（5）怎样为每一个目标设定具体的期限？此处写出和上司谈话的主要内容。

3. 未来的发展

（1）职业目标：在今后的3—5年里，准备在单位里达到什么位置。

（2）所需要的能力、知识：为了达到目标，应该拥有哪些新的技术、技巧、能力和经验等。

（3）发展行动计划：为了获得这些能力、知识等，准备采用哪些方法和实际行动，其中哪一种是最好、最有效的；谁对执行这些行动负责；什么时间完成。

（4）发展行动日志：填写发展行动计划的具体活动安排，所选用的培训方法，如听课、自学、所需日期、开始的时间、取得的成果等。同时，对照自己的行为和经验等，总结从中学到了什么。

二、职业生涯规划的流程

（一）自我评价

事业成功的一个很重要因素是选择前对自我的了解程度。要选择适合自己的职业，必须对自己有一个全面、客观和深入的评估。自我评估包括对个人需求、能力、兴趣、性格、气质等的分析，以确定什么职业比较适合自己和自己具备哪些能力，从而认识自己的优势和劣势。

（二）环境评价

每个人都处于一定的社会环境之中，或多或少与各种组织有着这样那样的关联。因此，职业生涯规划也就离不开对这些环境因素的了解、分析和评估。所谓环境评估，一是分析和评估自己职业发展的宏观环境及其发展变化趋势，二是分析和评估各种环境因素对自己职业生涯发展的影响。环境评估的主要目的，是通过对环境特点及其发展趋势的分析，评估自己职业生涯发展的机会，包括自己与环境的关系、自己在这个环境中的地位、环境对自己提出的要求以及环境对自己有利的条件与不利的影响等。只有对这些情况充分了解，才能做到在复杂的环境中趋利避害，使自己的职业生涯规划具有实际意义。

（三）目标制定

职业生涯目标的确定，即职业的选择，包括人生目标、长期目标、中期目标与短期目标的确定，它们分别与人生规划、长期规划、中期规划和短期规划相对应。首先要根据个人专业、性格、气质和价值观以及社会的发展趋势确定自己的人生目标和长期目标，然后再把人生目标和长期目标细化，根据个人经历和所处的组织环境确定相应的中期目标和短期目标。

通过自我评估、生涯机会的评估，认识自己、分析环境，在此基础上对自己的职业进行选择。也就是在职业选择时，要充分考虑自身的特点，即自己的性格、兴趣和特长，要充分考虑到环境因素对自己的影响。分析自我、了解自己、分析环境、了解职业世界，使自己的性格、兴趣、特长与职业相吻合，这一点对即将步入社会初选职业的大学生而言非常重要。

（四）挑选路线

挑选路线就是选择职业生涯发展路线，是指一个人在选定职业类型之后，为了实现职业目标和职业理想所选择的路径。每个人都有适合其发展的路径，但每个人都有所不同，谁也不能完全复制别人的成功之道。每个人的现实状况与理想目标之间都存有多种可供选择的路径，每个人可以选择不同的行业，选定了行业还可以选择不同的企业，选定了企业还能选择不同的职位起点等。不同的职业发展路径，可能导致到达目标的时间不同，造成今后达到的目标高度不同。有些路线有可能使人迷失其中而丧失目标，有些路线可能过于艰辛而使目标难以顺利实现，而一个好的职业发展路线，能够使人较快地实现目标，更大程度上实现人生价值。

（五）制订计划

在选择了职业生涯路线后，行动便成了关键的环节。如果没有可以达成目标的行动，目标就难以实现，更谈不上事业成功。但要行动，必须有行动计划和措施。行动计划和措施一般包括工作、训练、教育、轮岗等方面的措施。比如，在工作方面，计划采取什么措施，如何提高工作效率？在业务素质方面，计划学习哪些知识、掌握哪些技能，如何提高业务能力？在潜能开发方面，采取什么措施开发潜能？所有这些方面，都必须有特别具体的计划与明确的措施，以便定时检查。

（六）评价和调整

职业规划在制定之后可根据实际需要在小范围内进行调整，以更加符合现实情况和自己的实际情况，促使职业生涯的顺利发展。

职业生涯设计的科学性是基于对被设计者自身及其所处外部环境的科学分析。随着时间的推移，当个体自身条件和外部环境发生改变时，就需要及时修正所设定的发展路径，甚至调整职业目标。因此，职业生涯规划不是一劳永逸的，它在个体的职业发展过程中需要不断调整和完善。成功的职业生涯规划需要时刻审视内外环境的变化，不断对自己的设计进行评估和修订并调整自己的前进步伐，这样才能适应社会和环境的发展变化，真正做到与时俱进。

第二章　职业生涯规划的制订

"高校学生最终要走向社会，并要面临各种职业选择。而一个好的职业生涯规划往往可以准确评价出自己的基本状况和个人价值观、掌握自己的特点和强项、能挖掘自己的潜能，并能对职业进行准确定位。"[①] 本章简述职业生涯规划的制订，主要包括五个方面内容，分别是自我认知分析、环境认知分析、职业生涯目标制定、职业生涯的决策制定、编制职业生涯规划书。

第一节　自我认知分析

所谓自我认知，就是人对自身的认知过程，是对自己进行全面了解的过程，自我认知是高校学生进行职业生涯规划的基础，想要完成职业生涯规划，就先需要知道自己未来想要做什么，就需要对自身进行认知，这关系到职业生涯发展的成功与否。只有我们首先对自己进行认知，了解自身的知识水平、工作能力、工作态度、性格和意志等内容后再衡量自身的优劣势，才能确定自身的未来目标，为确定职业目标和选择职业路线提供依据。

一、自我评价方法

（一）橱窗分析法

有人会认为自己还能不了解自己吗？实际上自我认知是一件非常困难的事情，想要为了职业生涯规划对自己进行全面的了解更是相当不易，有些心理学家将对自身的了解与认知比作橱窗。我们可以将这个橱窗放入直角坐标系当中进行分析，这样可以让我们的分析更加清晰、直观。橱窗坐标系当中，横轴代表别人

---

① 卢丽华.现代职业教育背景下高职院校学生职业生涯规划的现状及发展路径 [J].人才资源开发，2022（11）：66-68.

对自己的认知，横轴的正向代表着别人知道的自己，相反，横轴的负方向代表别人对自己不知道的内容；纵轴代表自己对自身的认知，纵轴的正方向代表自己对自己已知的认知，相反，纵轴的负方向代表自己对自己未知认知的内容，坐标橱窗如图 2-1-1 所示。

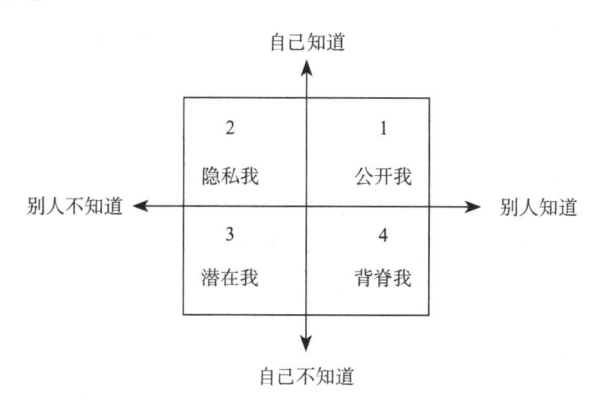

图 2-1-1 坐标橱窗示意

橱窗 1：橱窗 1 是横轴的正方向与纵轴的正方向形成的区间，橱窗 1 代表自己知道、别人也知道的自我部分，这部分被心理学家称作"公开我"，这部分是自我全部公开的部分，是自身的对外展示部分。

橱窗 2：橱窗 2 是横轴的负方向与纵轴的正方向形成的区间，橱窗 2 代表自己知道、别人不知道的自我部分，这部分被心理学家称作"隐私我"，这部分是自己不想让别人知道的自我部分，是个人的私密部分。

橱窗 3：橱窗 3 是横轴的负方向与纵轴的负方向形成的区间，橱窗 3 代表自己不知道、别人也不知道的自我部分，这部分被心理学家称作"潜在我"，这部分是所有人都不知道的自我部分，也是人待开发的自我部分。

橱窗 4：橱窗 4 是横轴的正方向与纵轴的负方向形成的区间，橱窗 4 代表自己不知道，但别人知道的自我部分，这部分被心理学家称作"背脊我"，这部分是自己无法理解但别人能看到的自我部分，就像自己的后背一样别人可以看到，但自己很难看到。

我们通过上面的橱窗理论可知，需要加强了解的是橱窗 3"潜在我"和橱窗 4"背脊我"。相比于橱窗 3 代表的"潜在我"，我们想要了解橱窗 4 代表的"背脊我"更加容易，因为"背脊我"是他人知道的自我部分，只要我们多与他人交流,诚心诚意地向他人请教或向他人询问对自己的意见,我们很容易从他人的话语中了解自己看不到的那部分"背脊我"。正如我们很难看到自身后背有什么东西,询问他人便可轻易得知一样,我们可以采取同自己的家人、朋友交流的方式,尽量开诚布公。要做到这一点,需要有开阔的胸怀、正确的态度,对待自身问题有则改之,无则加勉。可以利用这一方法对自己的性格特征、知识与能力等方面进行分析。

对于橱窗3中"潜在我",我们可以采取撰写自传或24小时日记的方式来了解自我。撰写自传,可以了解我们自身成长的大致经历和自我计划情况等;而24小时日记则是通过一个学习日和一个休息日的对比,也可以了解一些侧面的信息。大学生需要对此予以重视,更多地了解自我。

(二)自我咨询法

在一段休闲的时间,找一个安静的地方,认真、深刻地思考以下六个问题,然后写下来。

(1)自己究竟有什么才干和天赋?什么事情自己能做得最出色?与自己所认识的人相比,自己的长处是什么?

(2)自己的激情在哪些方面?有什么事情是自己内心特别向往的,是自己分外有干劲去完成的,做起来不会觉得累,反而感到其乐无穷?

(3)自己的经历有什么与众不同之处?它能给自己什么特别的洞察力、经验和能力?运用它自己能做出什么与众不同的事?

(4)自己最明显的缺陷和劣势是什么?

(5)自己与什么杰出人物有往来?他们有哪些杰出的才干、天赋与能力?与之合作(或跟随他们),能得到什么样的机遇?

(6)自己有哪些具体的需求要得到满足?

如果要获得职业生涯的成功,一定要面对、思考、回答职业问题。思考不成熟,一时不好回答的问题,可放一放,想好了再回答。这些问题肯定是有明确答案的,而且是与别人截然不同的答案。我们的阅历、兴趣、理想不可能与其他人一模一样,因此,答案一定要与众不同,即找出自己的差别性。

这些问题的答案,就是成功的能源库,要定期或不定期地重新思考、检讨。久而久之,我们会发现,随着心态和社会关系的发展,能源库在不断扩大。

二、自我评估的内容

通常而论，我们对自我的评估可以通过以下四个方面进行。

（1）生理自我评估。生理自我评估就是自我对自身样貌、着装、身材等外部自我信息的评估。

（2）心理自我评估。心理自我评估是自身对自己性格、气质、意志、认知能力等心理能力的评估。

（3）理性自我评估。理性自我评估是对自身的逻辑思维能力、道德感、美感等理性认知能力的评估。

（4）社会自我评估。社会自我评估就是自身对自己在社会上扮演的角色、自身可以实行的权利、履行的义务以及他人对自身的看法等内容的评估。

上述四个方面涉及个人的多个因素，可以较为全面地对自身进行评估，帮助我们更好地认识自己。

三、寻找职业性格

（一）职业性格的定义

职业性格，是指人们长期在特定职业生活中所形成的与职业相联系的、稳定的心理特征。通过心理学家长期对职业心理的研究，心理学家们发现不同的职业对性格也有着不同要求，不同的性格对职业的发展有着不同的优劣势。虽然某人的某种性格不可能百分之百地完全契合某职业，但他可以根据自身的性格特点有针对性地培养自身的职业兴趣，或者通过自己的兴趣爱好决定自己未来的职业倾向，反过来培养职业性格。职业性格是一个人在职业生涯中的重要内容，对于企业或用人单位来说，员工的职业性格决定着这个员工的岗位适配度及其业绩；对于员工个人来说，其职业性格决定着他的事业未来可否成功。

（二）应用MBTI进行职业性格探索

MBTI（Myers-Briggs Type Indieator）是一种自我评估自我报告式的性格评估测试，它可以帮助我们了解自身的职业性格，MBTI模式可以通过观察人们的日常生活方式、获取信息、决策的态度等方式对人的心理进行侧写，再通过侧写推断人的性格，当然其中也包括职业性格。这种 MBTI 测试是由美国心理学家布里格斯和他的女儿迈尔斯通过其他心理学理论的辅助，对人进行长时间的观察研究得出的心理性格测试模式。这套测试为人们提高自我认识、了解人之间的差异与相似性提供了一种有效的方法。

布里格斯等人认为，大部分人在 20 岁以后会形成稳定的 MBTI 人格，从此便很难改变。MBTI 的人格会随着年龄的增加、经验的丰富逐步发展、完善。根据 MBTI 的理论，对于 MBTI 中任何类型的人而言，均有相应的优点和缺点，有适合自己的工作环境和适合自己岗位的特质。

MBTI 共包括四个维度，每个维度均由对立的两极构成：外向—内向，感觉—直觉，思维—情感，判断—直觉，如表 2-1-1 所示。

表 2-1-1　MBTI 人格类型

维度	类型	英文及缩写	类型	英文及缩写
注意力方向（精力来源）	外顷（外向）	Extrovert（E）	内倾（内向）	Introvert（I）
认知方式（如何搜集信息）	实感（感觉）	Sensing（S）	直觉（直觉）	Intuition（N）
判断方式（如何做决定）	思维（理性）	Thinking（T）	情感（感性）	Feeling（F）
生活方式（如何应对外部世界）	判断（主观）	Judgment（J）	知觉（客观）	Perceiving（P）

通过上述表格内容我们发现，每个人的性格均会在四个维度的分界线一边，或是这边或是那边，这也表示每个人的性格都有一定的偏向，不会出现完全处于分界线上的无偏向性格，我们将这种性格在四维度分界线一边的现象称为"性格的偏好"。如果某个人的性格落在四个维度的外向一侧，我们一般称其为"具有外向的偏好"，这类人一般相对活泼；如果其性格落在四个维度的内向一侧，我们一般称其为"具有内向的偏好"，此类人大多内敛。

我们为了规划出自身未来职业生涯，首先需要弄清自身的偏好，因此我们要弄清楚性格四个维度的含义，并通过事实结合性格的四个维度，才能够推算出自身的"偏好"。

1. 内向型和外向型（注意力方向）

对于性格，我们往往有多个划分维度，可以从不同角度来区别不同的性格，但如果要从最宏观的角度观察区分人的性格，只从一个维度来划分人的性格的话，那无疑将从内向倾向还是外向倾向来进行划分。性格的内向或外向是划分个体性格的最基本维度，也是性格展现出的最明显区别。这种性格内外向的区分是以自身为基准的，如果我们以自身为界限，可以将世界划分为两个部分，分别是自身以外的世界和自我世界，有时我们也可称自身以外的世界为"外部世界"，将自我世界称为"内部世界"。有了这种划分我们可以更好地区分内向型与外向型性格，外向型性格是更加容易将精力与注意力投入到外部世界的性格类型，外部世界包括外部的人、外部的事、外部的物等一切外部事物，所以乐于与他人交往、关注社会事件都是外向性格；而内向性格则更多注重自身的内部世界，他们更加关注自身的性格、能力等。两种性格的人如果处于自身乐于投入精力的世界就会变得兴奋、积极、充满活力；而如果处于自身不擅长的世界就会感到惶恐、不安、不知所措。内向型性格与外向型的区分是性格区分中最显而易见的，其中有着性格中最容易的区分点，也是我们最常提到的性格区分方向。我们可以从如表2-1-2所示的几个方面进行分析。

表 2-1-2　内向型与外向型的特征比较

外向型（E）	内向型（I）
与他人相处时精力充沛	独处时精力充沛
行动先于思考	思考先于行动
喜欢边想边说	在心中思考问题
易于"读"和了解，随意地分享个人情况	更封闭，更愿意在经挑选的小群体中分享个人的情况
说的多于听的	听的比说的多
高度热情地社交	不把兴奋说出来
反应快，喜欢快节奏	仔细考虑后，才有所反应
重于广度而不是深度	喜欢深度而不是广度

我们通过上述表格，可以结合自身的性格特点，对自身的性格做最基本的内外向划分，这样我们便能初步确定自身的性格是内向型还是外向型了，当然在我们进行划分的时候不可能每一条都符合同一性格类型，毕竟人的性格类型多种多样，划分性格的维度也远不止一维，因此我们只要确定自身的大部分日常生活中的行为行动符合某一性格类型，便可确定我们的性格内外向。我们在确定自身性格内外向的时候要遵从我们的内心，在性格划分时扪心自问，自己到底对哪种方式

更加喜欢，而不是一再地看自身生活中的具体方式，因为人是生活在社会中的人，人必须根据社会压力去调整自身的生活与交流方式，所以完全根据生活方式来进行性格划分往往会对我们产生误导。比如性格再外向再活泼的人在某些严肃的场合，如音乐会、授勋仪式等也会安静下来，成为一个倾听者；再内向的人，当其处于播音工作或经常在台上讲话时也必须克服内心的恐惧，大胆与人进行沟通交流。

2.感觉型和直觉型（认知方式）

在现代社会中，我们不断接触和处理各种信息。根据对信息的接收和处理方式，我们可以将人的性格划分为感觉型和直觉型。

感觉型的人在接收信息时更依赖事实，他们会注意观察，发现事物的细节，关注事实本身。他们注重视觉、听觉、触觉等知觉，并通过知觉与思维的结合形成基于事实的信息。他们相信的是自己亲身体验到的信息。感觉型的人注重细节，这也使得他们更加擅长处理事实与材料，因此他们有着强大的记忆材料的能力。他们中有人有着超乎寻常的记忆力，甚至是超乎寻常的机械记忆力。感觉型的人比较循规蹈矩，在对待任务时，他们会根据人类已有的规则、规矩办事，他们更擅长利用人类的已有经验，他们会将自身经验利用到实践当中，以已有经验指导实践。

直觉型性格的人往往注重场景中传递出信息的含义、与其他信息之间的关系，而且直觉型的人关注结果。他们往往依靠自身的"第六感"，他们往往会"跟着感觉走"，即使对某些信息无法完全确认也会相信。因此直觉型的人得出的结论往往会天马行空、飘忽不定。直觉型更擅长于发掘事物之间的联系等，他们通过快速地捕捉情境中传达的零星信息，快速地总结规律，对事物进行分析与判断，并能快速对情境进行解释。直觉型的人喜欢创新与探索，他们更擅长自己尝试，跟着自己的感觉走，他们更擅长在实践中探索出经验。

总的来说，感觉型喜欢利用已有经验，注重"是什么"，而直觉型喜爱探索发现未知，注重"可能成为什么"。这两种性格类型在处理信息和解决问题时都有各自的优势和特点，理解这些差异有助于我们更好地理解自己和他人，提高沟通和协作的效率。

感觉型与直觉型的对比关系如表2-1-3所示。

表 2-1-3　感觉型与直觉型的特征比较

感觉型（S）	直觉型（N）
相信确定和有形的东西	相信灵感或推理
对概念和理论兴趣不大，除非它们有实际的效用	对概念和理论感兴趣
重视现实性和常情	重视可能性和独创性
喜欢使用和琢磨已知的技能	喜欢学习新技能，但掌握之后很容易厌倦
留意具体的、特定的事物，进行细节描述	留意事物的整体概况，普遍规律及象征意义，用概括、隐喻等方式进行表述
循序渐进地讲述有关情况	跳跃性地展现事实
着眼于现实	着眼于未来，留意事物的变化趋势，惯于从长远角度看待事物
喜欢深度而不是广度	重于广度而不是深度

感觉型与直觉型指的是人性格的一种倾向，现实中几乎没人完全符合直觉型或感觉型，因为现实社会中，大多数人都会将理性与感觉相结合，如运用感性获取思路，再用理性分析进行信息处理。我们这里讲的感觉型和直觉型主要讲的是对于一个人哪种信息处理方式更加突出，更能体现人的特点。无论是感觉型还是直觉型都有其处理信息的优劣势，但作为个体的人，往往都会更擅长其中一种信息处理方式。通过上述分析，感觉型或直觉型只是人对信息的一种处理方式，无论怎样处理信息都会有信息处理方式的弊端，因此直觉型的人不必为了自己无法像感觉型的人那样——在书本面前端坐许久而感到愧疚，感觉型的人也不必为了自己无法像某些直觉型的人那样——反应迅速而感到自责，我们要正视自己的职业性格，更好地利用职业性格为自己的职业生涯进行规划。当然，我们在了解自身属于哪种性格之后，也可以根据认知性格理论对自身性格进行改进，弥补自身的不足。直觉型的人可以关注更多的细节，锻炼自身的意志力；感觉型的人可以锻炼自身的反应速度等。通过这些练习不断发掘自身的潜力。

3. 思维型和情感型（判断方式）

之前我们分析了性格从信息获取方面的分类，除此之外性格还可以根据获取信息后进行决策的方式不同进行不同的划分。我们可以根据获取信息后，进行的不同判断与决策的方式将性格划分为思维型和情感型。情感型与思维型并非像其名字所表示的那样，情感型处理事务感情用事，思维型处理事务理性判断，其实这两种类型都是经过理性思考再进行判断的，情感型并非不思考而直接行事，划分思维型和情感型主要是根据其下结论的依据不同，情感型在处理事务上往往根据自己的个人价值观，他们不会循规蹈矩地完全按照规章制度办事，他们会根据自身判断与规章制度结合，作出自己认为更加正确的事，这种类型的人更加关注他人的情绪体验，易于将自身的价值理论赋予处理事情的过程，也就是我们常说的处理方式有人情味。但这种处理方式也容易出现问题，情感型在处理方式上会附加自身的价值观，但有些情况需要统一的标准，不能在处理方式中掺杂个人价值观，如执法行为、教师对试卷的批阅等。思维型则是严格按照规章制度进行，他们以事实为依据，对发生的事实严格按照规章制度进行处理，对所有人一视同仁，不考虑人情因素。这样的处理方式出错概率会大大降低，但也会出现不变通的情况，这种处理方式也很难对规章制度质疑，若规章制度并不正确，这种处理问题的方式会将规章制度中的错误放大。思维型与情感型的对比，如表2-1-4所示。

表 2-1-4　思维型与情感型的特征区别

思维型（T）	情感型（F）
退后思考，对问题进行纯粹的理性思考，不考虑他人的感受	向前思考，考虑到事情发生后他人的感受
严格遵守规章制度，一视同仁，实行绝对的公平	重视他人的情感体现，重视规章之外的例外出现的可能性
易被认为冷漠、麻木、不近人情	可能会认为不公平，被感情牵着走，软弱
认为严格执行比感情更重要	认为情感比严格执行更重要
只有感情符合规章制度，才会认为感情是可取的	认为感情在一定情况下大于规章制度
被"获取成就"所激励	被"获得欣赏"所激励
易于批判他人，发现他人错误	会获得更广的人脉关系

心理学家发现，职业性格的判断和处理方式受性别影响，女性中情感型的人更多，而男性中则更多人属于思维型。这种情况可能与社会文化有关，因为社会对不同性别的人有不同期待。在人类社会文化中，女性通常被期待具有更多的同情心，而男性在面对问题时则往往被期待更加冷静、理性。情感型和思维型是对事物的判断和处理方式的不同，这两种处理方式各有优势和弊端，没有绝对的好坏之分。我们可以通过分析自身的判断和处理方式，了解自己的职业性格，避免

走向极端，成为没有原则或者极端冷漠的人。我们需要根据理论对自己的职业性格进行理解，在实践中取长补短，更好地利用自身的职业性格，对自己未来的职业生涯做出规划。例如，思维型的学生可以将法官作为职业目标，因为法律需要公正，不需要感情的干扰；而情感型的学生可以将公务员作为职业规划，这样可以更好地为人民群众服务，也可以及时质疑政策，使政策的制定更符合群众的实际生活需求。

4. 判断型和知觉型（生活方式）

我们还可以根据人们的生活方式将其职业性格划分为判断型和直觉型，假如我们身处一个办公室或者不同人的卧室，我们会发现有些人会将物品摆放得整整齐齐，这类人大概率属于判断型；而有些人则不那么在意物品摆放方式，会呈现出无序摆放，这些人很可能是属于知觉型。在生活方式上，判断型的人会有很强的目的性，他们喜欢在事情发生前就先将计划制订完成，希望通过计划去完成接下来发生的事情，他们喜欢有条理地做事情，习惯过已知的或者计划内的生活。这种人有很强的计划性，一旦事物的发展与其计划相符，他们会很快完成任务。但他们也存在着变通能力差的问题，一旦事物的发展与计划相违背，他们在面对任务时，解决任务的难度将会大大增加。而知觉型的人有着强大的适应能力，他们有着很强的好奇心，会关注事物的变化部分，他们认为事物的变化是非常重要的，因此不会提前去做很详细的规划，以免因为变化导致计划无效。他们一般在生活方式上更加随意，具有较强的变通性，对任务的适应能力也更强。而在决策方面，判断型与知觉型的方式也会不同，判断型在决策时果断理性，能够快速进行决断；而知觉型在决策时会考虑更多信息，在决策时会考虑多方面的影响。比如暑假在制订游玩计划时，想在海里游泳又怕沙滩太热，山里凉快又怕爬山太累，犹犹豫豫无法决断，那么此人大概率是知觉型的。以下是判断型与直觉型的特征区别（表 2-1-5）。

表 2-1-5 判断型与知觉型的特征区别

判断型（J）	知觉型（P）
决定后最为高兴	当各种选择都存在时，感到高兴
有"工作原则"：工作第一，玩为其次（如果有时间的话）	"玩的原则"：现在享受，然后再完成工作（如果有时间的话）

续表

判断型（J）	知觉型（P）
建立目标，准时完成	随着新信息的获取，不断改变目标
愿意知道它们将面对的情况	喜欢适应新情况
注重结果（重点在于完成任务）	注重过程（重点在于如何完成工作）
满足感源于完成计划	满足感源于计划的开始
把时间看作有限的资源，认真地对待最后期限	认为时间是可更新的资源，而且最后期限也是有收缩的

人们在生活中往往会展现出多种性格特征，尽管他们可能更倾向于某一种方式。这些方式各有优劣，没有绝对的好坏之分。在生活中，我们常常受到社会压力的影响，被迫改变我们习惯的行为方式。例如，当上司通知必须作出决策时，即使是知觉型的人也可能会果断作出决定；或者为了应付检查，他们可能会把宿舍收拾得整整齐齐，即使这并非出于我们内心的真实想法。我们应该根据理论对自己的性格进行分析，并结合实际情况，对自己的行为方式进行调整，以更好地、更全面地发挥自身的性格优势。同时，我们也需要对自身的性格进行适度约束，避免走向极端。例如，判断型的学生应避免形成教条主义，而知觉型的学生则应学会事先了解任务，以防出现失控的现象。

四、梳理职业能力

职业能力是一种综合能力，它是指人们在从事职业时的全部能力，当不同的人处在不同的岗位时，岗位势必会有不同的要求。因此我们先要梳理自身的职业能力，看看自身的职业能力能否与目标职业能力的要求相匹配。在选择职业时，我们应该选择那些能够满足我们自身职业能力的职业。这样，我们才能在职业生涯中发挥出最大潜力。必要时可以心理测试结果作为参考，在基本确定自己职业能力和发展可能性的基础上进行职业选择。

（一）能力对职业的作用

美国明尼苏达大学提出的"明尼苏达工作适应论"认为，当工作环境能满足个人需要和个人能满足工作要求目标，我们在运用能力时要注意能力对职业的适配性，首先要达到外在的"两个满意"，这样我们的个人与职业的适配性较高，我们可以在规划过程中选择此职业，这样不仅有利于我们的工作效率，也能让我们在此岗位长时间地坚持下去。在这一过程中，个人的职业能力与"外在满意"的实现直接相关，个体只有具备了相关的职业工作能力，才能胜任工作。

1. 职业能力影响职业的胜任

当我们参与到不同的工作时，不同的工作势必会对工作者产生不同的要求。每个人都有自己的优势和劣势，如有的人擅长形象思维，有的人擅长逻辑思维，还有的人擅长具体行动思维。如果根据思维能力类型来选择职业，形象思维的人比较适合从事文学、艺术方面的工作，逻辑思维的人比较适合从事哲学、数学等理论性强的工作，具体行动思维的人比较适合从事机械修理方面的工作。如果不考虑能力类型，而让其从事与能力不匹配的职业工作，效果会不好。因此，应弄清胜任职业所需要的职业能力。

2. 职业能力影响职业的挑选

社会上任何一种职业对工作者的能力都有一定的要求。如从事会计、出纳、统计等职业的工作者必须有较强的计算能力，从事工程、建筑及服装设计等职业的工作者要具备空间判断能力，飞行员、外科医生、运动员、舞蹈演员等则要具备眼与手的协调能力。因此，在职业选择时，要特别注意能力与职业的匹配度。

3. 职业能力影响职业的发展

职业能力是我们对于某特定职业的专业能力，它是我们胜任此工作并在此职业上良好发展的基础。个人的职业能力越强，代表着个人在此职业中的综合能力越强，这会给人在此职业中带来更好的发展与创造，同时给个人带来一定程度的满足感，使其在该工作领域持久地发展。

（二）职业能力倾向测试

人的能力倾向及所包含的各种心理特征都不能通过直接的测量来获得，只能通过间接的测量来获得。通常我们对人的职业能力倾向的测量都是通过对人的行为测量来获得，这也是心理学测量与其他学科测量的重要差异。

职业能力倾向测验有多种类型，其针对用途的不同。下面简单介绍区分性能力倾向测验（Dfferential Aptitude Test，DAT）和一般能力倾向成套测验（General Aptitude Test Battery，GATB）。

DAT 包含 8 个子测验，这些子测验是用来测试语言推理能力、数字能力、抽象推理能力、空间关系能力、机械推理能力、书写速度与准确度能力、语言使用能力、拼写句子能力的。

一般能力倾向成套测验（CATB）主要是对许多职业领域中工作所必需的几种能力倾向的测定。它由 15 种测验项目构成，其中 11 种是纸笔测验，4 种是操作测验。

DAT 和 GATB 两种测验可以测定 9 种能力倾向。

（1）一般学习能力（General Leaming Abiliy，G）：该能力包括对说明、指导语和原理的理解能力、推理能力和判断能力。

（2）言语能力（Verbal Apitude，V）：对词语意义和词汇间关系的理解，以及语言表达的能力。

（3）算术能力（Numerical Apitude，N）：准确、快速地进行数学运算和推理的能力。

（4）空间判断能力（Spatial Apitude，S）：对立体图形及平面图形与立体图形之间关系的理解能力。

（5）书写知觉能力（Clerceal Pereeption，Q）：直观地比较、辨别数字和词语，具有对字词、印刷符号、票据的细微部分正确知觉的能力，具有发现和校正字词、印刷符号、票据的细微部分所含错误的能力。

（6）眼手运动协调能力（Motor Coordination，K）：快速运动中的眼手协调能力。

（7）形态知觉能力（Form Perception，P）：对实物或图形细微部分正确知觉的能力。

（8）手指灵巧度（Finger Deterity，F）：用手指快速操作细小物体的能力。

（9）手腕灵巧度（Manual Dexteriy，M）：用双手放置或转动物体的能力。

五、澄清职业价值观

（一）价值澄清理论的特征

价值澄清理论强调不要给学生灌输学习内容，而是让他们亲身体验生活，在生活中提升自身的价值观。

（二）价值澄清的四个核心因素

（1）价值澄清模式是以解决生活中的问题为核心的。

（2）与现实相接轨，接受身边的人，不必因为他人某些不符合自身观念的行为对其进行批判。

（3）通过多种方式进行价值澄清模式，包括反思、引导等。

（4）自我指导能力。

价值澄清模式除了需要应对上述四个因素外，还要按选择、珍视、行动三个阶段以及七个步骤（自由选择、从多种可能中选择、对结果深思熟虑地选择、从珍惜爱护自己出发进行选择、确认自己的选择、依据选择行动、反复地行动）来进行操作。

在这种操作模式由于过分强调价值观形成的个体性，从而忽视社会文化作用而受到社会批评之后，价值澄清学派又对以上程序进行了补充，增加了思考、沟通的环节，在选择中考虑社会因素的制约。尽管如此，新的操作程序并没有从本质上改变价值观的主观性与个体性。

价值澄清模式强调与实际结合，在与实际相结合的情况下得出价值澄清具体方法，除去交谈、讨论、书写、预知四大策略外，还有价值表策略等其他策略。价值表策略是针对某些不便于表达但可以通过书写完成的内容，受教育者在表格中填入问题，写出自己的看法，再按七个步骤进行评估，由此来帮助受教育者选择、确立适合自己的价值观念。

价值澄清模式在西方各国传播很快，应用较广，对西方现代道德教育影响较大。因为这一模式重视现实生活，不是像其他教育流派一样一开始就以一种哲学理论为依托，而是针对道德教育实际提出来的，具有可操作性和实效性。但这一方法论的局限和错误是十分明显的：首先，此种方法论将相对主义价值观当作基础，把个体的主观性放大，将个体经验当作群体经验、普遍经验。这样的做法不具有代表性，更不可用个体的价值观来代表衡量整个社会的价值观。第二，形成形式主义，只考虑对道德的要求与培养效果，而不去考虑具体的实行步骤，最终只能是空中楼阁，无法达到预想的效果。

第二节　环境认知分析

职业生涯规划并不能只根据自身的能力、性格等内部因素进行规划，还要考虑外部因素，一个人的职业生涯必然会受到社会的发展以及自身家庭等方面的影响。所以在生涯规划的过程中还要对环境进行分析。环境评估主要评估家庭环境、学校环境和职业环境等内容。

一、家庭环境

家庭是人最初生长的地方，也是一个人最初接受教育的地方，因此家庭环境很大方面决定着一个人的性格、品质、形象等，家庭也是一个人一直要联系的地方。尤其是现代大学生，大部分学生的绝大部分生活费用来自家庭，因此在职业生涯规划的过程中，必须考虑家庭的因素。家庭的因素包括家庭的经济状况、家人对学生的期待、家风以及相关文化等内容。家庭是影响学生职业生涯的重要因素，在家庭中学生也会受到教育，学生应根据家庭教育与学校教育结合形成的结果，不断调整、修正自身的职业规划。

（一）家庭环境评价的内容

只有正确且全面地对自身家庭状况进行评估与分析，才能正确地对自身职业生涯进行规划。对家庭环境的分析主要包括以下几个方面的内容。

（1）家庭关系。父母关系、与父亲和母亲的关系是否和睦？家庭关系对我们有什么影响？

（2）家庭生活环境。家位于城市还是农村？家庭出身、家庭成员的工作、爱好、性格、价值观等怎样？家庭生活环境对我们选择职业有什么影响？

（3）家庭经济状况。父母的工作、家庭的收入。家庭经济状况对我们选择职业有什么影响？

（4）家庭成员的受教育状况。父母的文化程度、兄弟姐妹的受教育情况等对我们的职业选择产生哪些影响？

（5）家庭成员健康状况。在分析家庭环境时，要选择那些对自己职业选择有重要影响的因素，并着重分析这些因素对自己性格、价值观、能力等的影响，对自己选择职业的影响。

（二）原生家庭分析

从小就生活其中的，有爸爸妈妈，也许还有兄弟姐妹的第一个家，叫作"原生家庭"。我们的人格模式、行为模式都刻着原生家庭的烙印。可以说，家庭既是我们职业生涯发展的资源，又是我们职业生涯发展的限制。

（三）家庭职业树

绘制家庭职业树有助于选择职业，其绘制过程如下。

1. **访谈**

绘制家庭职业树第一步：访谈。罗列身边亲近的家属，对罗列的每一位家属分别进行访谈。注意，访谈内容一定要涉及要求的内容。

2. **绘制**

绘制家庭职业树的第二步：绘制家庭职业树（图 2-2-1）。

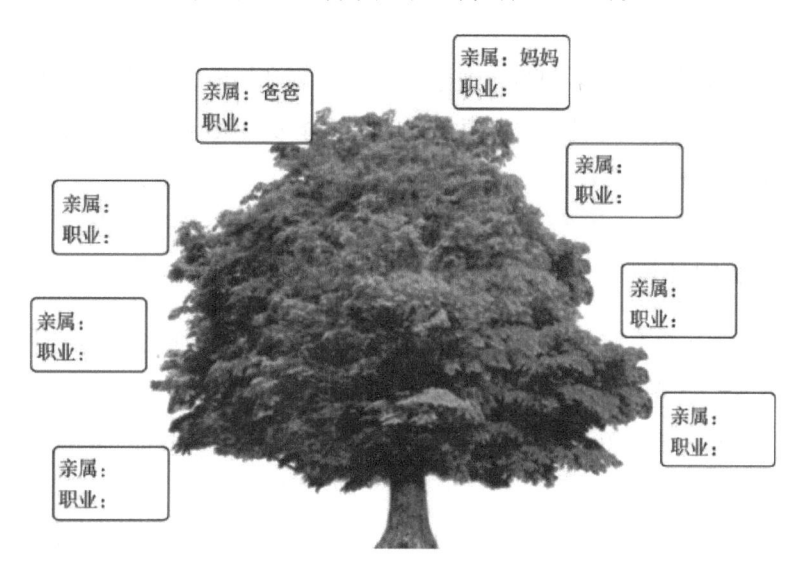

图 2-2-1 家庭职业树

3. **探索**

绘制家庭职业树的第三步：观察自己的家庭职业树，探索职业世界，回答下列问题。

（1）家庭成员从事的这些职业有哪些相似之处？

（2）哪些成员的职业观念对自己有重要影响，是怎样的影响？

（3）自己的哪些兴趣或职业价值观念是源自家人的？

（4）家人对自己有哪些期待？自己能否按照这些期待去发展？

（5）家庭成员的职业对自己的未来发展有什么影响？

（6）家人对各职业的评价往往表现了他们的好恶，自己的家人最常提到的有关职业的事情是什么？

（7）觉得家人对本人未来选择职业的影响是什么？

（8）哪些职业自己绝不考虑？

（9）哪些职业是自己的选择范围？自己目前的职业（专业）和这个范围的关系怎么样？

（10）选择职业时，自己还重视哪些条件？

（11）通过对家庭职业的了解，自己倾向于考虑从事的职业是什么？

（12）自己绝对不会考虑从事的职业是什么？

4.思考

绘制家庭职业树的第四步：通过上面的绘制和探索，在这棵家庭职业树上，思考哪些是自己生涯发展中的资源，哪些有可能成为限制？思考后，与家长、老师或者同学一起讨论。

二、学校环境

学校是学生提升自身的重要环境，任何一个人都必须重视和充分利用学校这个有利环境。经济社会发展的形势和越来越多的事实证明，学生进入大学学习，不能仅仅为了一纸文凭，更需要利用这个环境，学知识、练技能、定观念、养习惯、建关系、图发展。

（一）学知识

学知识是每一个学生的首要任务。一方面，要利用一切机会尽可能多地学习、掌握专业知识；另一方面，要广泛学习国家政策法规，了解社会时事动态；此外，还要深入吸收励志精华，加强自我修养，涉猎就业创业等方面的知识。

（二）练技能

练技能是大学生又一项基本任务。要充分利用学校的实验、实训活动以及社会实践活动，在学校老师及实训单位老师的指导下，强化专业技能，为实现"无缝就业"奠定基础。

（三）定观念

定观念，就是要求学生在学校专业教师、思想政治工作者以及就业指导教师的指导下，了解国家政策方针、熟悉社会以及行业环境、加强自我修养，逐步形成并修正自己的人生观、价值观、择业就业观。

（四）养习惯

养习惯，就是要求学生在校学习期间，要借助学校这个良好的环境，重视并善于养成良好的习惯。一个良好的习惯可以使人终身受益。

（五）建关系

建关系，就是要充分利用学校这个大环境，建立牢固的师生关系和稳定的同学关系。

（六）图发展

图发展，就是要求大学生在奠定以上几方面基础的同时，提前着手规划自己的发展前途，最有效的方法是：积极参与学校就业指导部门组织的各项职业生涯规划与就业指导活动，在教师的指导下，一步一步完善自我职业生涯规划，确定科学规范的行动指南。

三、职业环境

职业环境是非常重要的，因为它直接关乎我们未来职业的状况，也是影响职业规划的重要一环。职业环境分析要求我们对拟选择职业在社会中的发展状况以及从业人员的社会地位，还有社会未来对职业的影响进行分析。职业环境分析要从三个角度展开，分别是社会环境分析、行业环境分析和企业环境分析。

（一）社会环境分析

社会环境分析指的是在教师的指导下学生对社会的整体大环境进行宏观分析，整体了解选择工作的国家或地区的经济、政治、文化等因素以及这些因素对于所选职业的影响，对社会环境分析我们既关心当前的社会运行状况，更要关注社会大环境发展为所选职业未来带来的变化，确定职业的现在和未来的发展优势。

目前我国发展稳定、经济增长，正是需要当代大学生对祖国进行建设的大好时期，充满人才成长发展的机遇。大学生作为高端人力资源，有望获得更多更好的职业发展机会，但是我们也要看到，随着大学扩招，经济增速降低，大学生就业形势严峻。

在高等教育大众化的背景下，为了应对严峻的就业形势，大部分高校毕业生应能够适时地调整职业期望值。在以自我定位为基础，追求自我价值实现的过程中，大学毕业生既向往国家公务员、事业单位、国有企业的体制性保障，也可以更多地把目光转向基层、中西部地区，以及体制外的民营企业，通过职业实践提升自己的职业素养。

（二）行业环境分析

行业环境分析就是对人从事或者是未来想要从事行业的环境进行分析，对行业环境的分析可以从当前行业运作状况、行业发展的优势、行业中易出现的问题、国际事件对行业的影响程度等方面进行。行业环境分析主要可以从以下两个角度进行分析。

1. 行业的性质

想要从事的行业是什么行业？属于什么类型？发展趋势如何？这个行业是行政垄断行业、自然垄断行业，还是自由竞争行业？是暴利行业，还是薄利行业？是成熟性行业，还是新兴的成长性行业？是高端的科技行业，还是中低端的传统行业？

2. 国家产业政策解读

对于想要从事的行业，国家政策的解读是非常重要的，我国是社会主义市场经济体制，政府相关部门会根据市场的发展对各个行业进行宏观调控，因此国家的政策对行业的运行极其重要。比如我国政府会针对一些行业制定针对性的规章制度，对其进行扶植或者加以限制。除了针对某些行业，国家还可能在某些地区有针对性地鼓励某些行业发展。尤其是国家发展战略层面的产业政策，对企业和职业的发展会产生极其重大的影响。

（三）企业环境分析

企业是绝大多数从业者工作的场景，企业对就业起到不可代替的作用。不同的企业会有不同的目标与运行方式，想要成为企业员工，首先需要对此企业进行调查与了解，无论是决定自己是否选择入职还是为了入职后能更好地融入企业，我们都应该在职业生涯规划的过程中对企业环境进行分析。同样，企业是竞争中的企业，为了在市场经济体制中更好地生存发展，企业也应当关注社会与市场的变化，积极对自身进行改革与拓展。但企业的改革势必会影响到员工的职业生涯规划。因此我们要结合个人与企业的发展做到全方面、多角度、科学的职业生涯规划。

对企业进行环境分析可以从企业在行业中的地位、企业发展前景、能够提供的岗位等入手，从以下三方面进行分析。

1. 企业实力

企业的实力体现在众多方面，比如企业在行业中的声望与地位如何。地位在行业中高的企业能为员工提供更好的发展平台，声望高的企业能让企业更好地发展。除此之外还有企业的发展前景与目标是什么？企业在行业中是否掌握了行业的核心技术？企业在市场中竞争力如何？或者说企业处于发展状态还是即将被收购的状态等。

2. 企业领导人

企业的领导人是对企业影响极为重要的人，如同一艘船的舵手，决定着企业的行进方向。我们可以从以下几个方面对企业领导人进行深入分析：他们的领导能力如何？他们对员工的态度是什么样的？他们是否能够及时有效地进行决策和指挥？

3. 企业文化与企业制度

企业文化是全体员工在经营活动中形成并共同遵守的行为准则、价值观、理念与信念。企业文化对一个企业极为重要，比如以拼搏为企业文化的企业能激励人奋发向上；而不良的企业文化可能导致人的堕落。除此之外，我们还应当考虑企业文化是否是我们能接受的，企业文化是否与我们本人的价值观相冲突，如果企业文化与员工的价值观相冲突，即使企业文化再好，这个员工也很难融入企业，难以在企业中发展。因此求职者要将企业文化与自身结合起来，综合考虑企业文化可能对自己的影响。

企业制度涉及范围很广，包括企业的管理制度、用人制度等，我们在选择企业之前可以先了解企业在制度方面的内容，推测企业的制度可能会为我们带来什么影响，这些制度我们是否可以接受等。特别要注意企业的用人制度，因为企业的用人制度直接关乎求职者的就业，比如入职后有培训吗？待遇如何？试用期多久等。

第三节　职业生涯目标制定

一、职业生涯目标制定的原则

目标制定是在自我知觉的基础上，对自己未来职业生涯的一个初步构想。在制定职业目标时，可遵循 PE-SMART 原则。

（一）P（Positively Phrased）：运用正面词语

目标多用正面的词语或肯定的语气来描绘期望的结果，说出希望的而非不希望的。

（二）E（Ecologically Sound）：符合整体平衡

目标需要考虑与我们关系密切者的关注点。我们应当在职业生涯规划与制定过程汇总考虑我们的行为是否有损国家形象、是否有损周围人的利益、是否违背法律与道德等。在达成目标时要考虑是否做到"我好，别人也好"。只有当自身目标与周围的人、事、物相互达成融洽关系时，才能让我们所做的事得到支持，在这种支持下我们也会拥有更多的力量去发展我们的目标。

（三）S（Specific）：目标明确

要用具体的语言清楚地说明要达成目标的行为标准。拥有明确的目标几乎是所有成功者的一大特点。

（四）M（Measurable）：可度量

我们不能仅仅口头上设定目标，而应该制定实现目标的具体计划。只有我们有能力并且制订了计划去达成的目标，才能称之为"有效的目标"。我们可以将总目标分解为一系列小目标，逐步实现，这样可以将看似庞大或不可能完成的目标转化为一系列明确、相对容易完成的小目标，最终实现我们的总目标。这种方法可以帮助我们更有效地设定和实现目标。

（五）A（Achievable）：可完成

目标在现实条件下可以通过努力达成。这包含两方面的含义：一是目标必须是合理的，是在自己的控制范围之内；二是目标要有一定的挑战性，执行者通过一定的努力方能实现。

（六）R（Rewarding）：成功时有足够的满足感

我们需要想象目标达成时我们的状态：我们会在什么地方？与什么人在一起？做着哪些事情？充分调动自己的视觉、听觉、触觉、嗅觉等感官，去感受未来目标达成时的样子。

（七）T（Time-frame set）：有时间期限

目标要规定开始时间和完成时间，以克服人的惰性。没有时间限制的目标是无法考核的，也会让执行者失去紧迫感，从而降低积极性，使目标的实现一拖再拖，但过分的紧张感会使人焦虑、疲惫，甚至放弃。把目标进行分解再界定时间，会让行动更有节奏和韵律。

二、制定职业目标的方法

对于现代大学生来说，职业目标的制定极为关键，因此我们要采用合理的方法制定目标，我们在制定目标时可以采用目标分解法或者是目标组合法。

（一）目标分解法

我们在制定职业生涯规划时往往会设定一个总体的目标，而我们在实现职业生涯规划的过程中可以将其进行分解，形成一系列的阶段目标。分解目标可以使目标更加具体化，让我们更清晰地看到哪一步要做什么，将目标进行分解是完成目标的有效手段，也可以让我们能在完成目标过程中更加有效。我们在分解目标时，可以将职业生涯的大目标根据自身能力与实际情况分解为较容易实现的长期、中期或短期目标，通过一步步地将目标分解，最终达成具有具体的日期或时间长度的目标，比如一个星期或几节课内要达成的目标。

对于目标的分解，我们可以通过目标的时间方面或者是目标的不同性质对目标进行划分。

1. 依照时间分解

按照时间划分目标是非常常见的目标划分方法，在我们的生活中经常可以见到，按照目标长度的划分，可以将目标分为人生目标、长期目标、中期目标与短期目标。

（1）区分最终目标与阶段目标。在经过自我评估和环境评估后，在我们的职业生涯规划中，求职者会确定一个总体目标，这是在职业生涯中希望达成的最终目标，它往往需要许多年甚至一生去完成，是求职者的人生目标。最终目标的选定与多种因素相关，如一个人的价值观、知识技能的储备、情感与态度以及身体的水平等。最终目标是在求职者对自身与社会整体环境进行大量分析后得出的理性目标，最终目标的确认取决于人的心智，心智较为成熟的人会在人生较早的时期确定好自身的最终目标，而心智较差的人往往确定最终目标的时间较晚，他们往往不知道自己干什么，在没有确定目标时会随大流或者随心所欲。最终目标的确定要与自己价值观相符，如果目标与自身的价值观不符便很难完成。最终目标达成需要进行大量的努力，是职业生涯的最终体现，因此最终目标确立需谨慎，不宜频繁更换。

（2）我们可以将最终目标分解为长期目标。长期目标的特征有：符合自己确立的最终目标的同时符合自身价值观，要设定成自身能力可以完成的目标且完成之后要对自身最终目标的实现有较大帮助。长期目标的确立需要与社会发展相结合，长期目标应当有挑战性，需要较长时间才能完成。确立长期目标时还要考虑其挑战性与风险性，既不能设定风险过高的长期目标，又要让长期目标具有一定的挑战性，实现时应当具有一定意义，使其实现时能为就业者带来较大的成就感。我们一般将最终目标设立为若干个长期目标。长期目标的达成时间一般为5—10年。

（3）将长期目标分解为中期目标。每一个长期目标可以继续分解成若干个中期（3—5年）目标。

中期目标与长期目标具有的特征类似，实现中期目标与之相比时间较短，其特征如下：中期目标的设立应当具有大局性，中期目标的实现要为长期目标的实现提供较大帮助，中期目标的设立要符合自身所处的环境，中期目标与自身所处的环境要相适应。中期目标还应具有创新性，新颖的中期目标有时会带来意想不到的效果，中期目标还要具有灵活性，由于中期目标的实现时长已经相对较短，因此中期目标可以根据实际目标的实现情况进行调整。中期目标的确立需要进行量化，它比长期目标更加具体，要制定更详细的中期目标实现计划。

（4）最后将中期目标分解为短期目标。将中期目标分解为若干短期目标，这是将最终目标进行分解的最后一步。短期目标的实现时长约为1—2年。短期目标与其他目标相比更具有具体性与灵活性。短期目标的特征：短期目标要符合其他目标的要求，短期目标是以其他目标为基础分割而成的目标，切记分割中期目标为短期目标时不可脱离目标的最终目的。短期目标具有较强的环境适应能力，也更容易进行变通。短期目标可以随着进度及时调整，更利于就业者对其进行调整与监控。短期目标应当更为具体清晰，就业者要清晰地看到短期目标的实现途径，并具有相对较低的实现难度。短期目标的要求更具灵活性，短期目标的价值观可以在一定程度上与自身的价值观不相符，但不能违反法律与道德。设立短期目标时还要考虑短期目标的风险性与挑战性，短期目标的风险性应当较低，其挑战性也应当较低，但不应过低而导致完全没有挑战性。

2. 依照性质分解

除了按照实现时长将目标进行划分，还可以通过目标的性质将目标进行划分，按照这种依据可将目标划分为外职业生涯目标和内职业生涯目标。外职业生涯目标是工作的外部表现，如就业者的职务目标、对工作内容的需求目标、薪资目标、就业地点等目标。内职业生涯目标是工作内容在就业者身上的内部表现，它是就业者在就业过程中知识、能力、经验等内部的提升，内职业生涯目标主要包括工作经验目标、工作能力目标、工作心理目标、工作观念目标等。

（1）外职业生涯目标。外职业生涯是就业者在就业状态下的外在表现，它是就业者的职业道路，外职业生涯从就业者受教育开始直至退休，其内容非常复杂，包括与就业相关的时段，如招聘、培训、开除、退休、离休等。外职业生涯在就业的外在体现，包括就业的行业、就业的工作内容、就业的奖惩、就业地点、就业环境等。许多人将外职业生涯当作就业的全部，认为外职业生涯的发展就是工作上的进步，主要体现在升职加薪等方面，但升职加薪只是外职业生涯的一部分，一份好工作不止考虑薪酬待遇，还要考虑公司与家庭的距离、环境是否优美舒适等。外职业生涯多为他人给予的，容易失去。因外职业生涯受他人给予的影响，所以外职业生涯的成功不一定与自身的努力相符，比如有些人性格受到领导的赏识，即使他们没有付出多少努力，能力也并非多么出众，但他们依旧能够获得外职业生涯的成功。而有的人经过大量努力，尤其是在职业生涯初期，也无法得到晋升。外职业生涯的发展是职业生涯的外部表现，但其实质是内职业生涯的发展。外职业生涯目标包括以下内容。

①职业目标。大学生应当明确自身的职业生涯以及想要从事什么职业，此职业与自身专业的相关程度等内容，并根据此目标对自身未来发展做出规划。

②工作内容目标。以目前中国的就业形势来看，绝大多数的人是普通员工，能在企业任高职位的人占少数，而且企业高层往往并非单纯靠个人努力即可达成，其影响因素很多。因此，当代大学生应当把更多的精力放在工作内容目标上，在制定外职业生涯目标时可以将工作中的内容列出并进行分析，看哪些内容与自己的专业相关，哪些内容与自身的专业无关。工作内容对于选择从事专业技术型发展路线的人极为重要，因为这些人的工作内容与其职位与薪资相关。从事的工作内容也会关乎个人的情感与体验，有的工作内容令人欢愉、欣喜，有些工作内容令人感到枯燥、乏味，如果我们无法选择合适的职业，无法在短时间内得到较大晋升，那么可以选择我们喜欢的工作内容进行工作。

③经济目标。经济目标是人们工作中极为重要的内容，毕竟绝大多数人工作都是为了养家糊口，工作的最终目的还是为了自身的经济。人生离不开物质，只有有了良好的物质基础，才能让我们更好地发展。我们在设立经济目标时要考虑实际因素，设定成自己有可能完成的目标，在此基础上我们可以大胆地、放开地设定一个数字，将此金额作为激励我们的动力。

④工作地点和环境目标。工作地点与工作环境也是影响职业确定的重要因素。比如离家庭的远近，有些人喜欢离家近的工作，这样可以常回家，更为方便；有

些人喜欢闯荡，喜欢离家远的工作。工作环境也是工作中的重要因素，良好的工作环境能为员工带来更大的动力，既提升了工作效率，也能在其工作中享受良好环境带来的舒适感。

外职业生涯目标的设立要根据多方面要素、全方位进行考虑，但考虑的方面不应该过于琐碎，否则便会发现制定目标时各方面均有自己不心仪的点。制定目标时要有整体观念，并将影响目标制定的因素划分等级，优先满足主要目标，对于某些次要目标可以暂时选择放弃，在以后的目标中再进行满足。

（2）内职业生涯目标。内职业生涯是就业者在就业过程中的内部体现。内职业生涯目标指的是在就业中发展自己的知识、能力、心理素质、价值观等内部要素，这些要素是求职者自身的，别人无法拿走。就业者即使失去了工作，这些在工作中提升的内部要素也不会失去。

内职业生涯是外职业生涯发展的基础，只要不断提升自身的内职业生涯要素，使自身更加适合工作，外职业生涯就自然而然会有一定程度的提升。内职业生涯还应注重自身的情感体验，比如自身的成功感以及对工作的满足感。内职业生涯还需考虑工作与家庭、个人、休息等要素的平衡。大学生应当尽早意识到内职业生涯的重要性，并及时制定内职业生涯的发展目标，许多大学生仅仅注重外职业生涯，但其不知外职业生涯是职业的外在表现，是人们最容易看到最容易关注的点，但内职业生涯是外职业生涯的基础与支撑，只有以内职业生涯为基础的外职业生涯，才能持久不被给予者收回。作为当代大学生要及时认识到内职业生涯的重要性，在职业生涯的早期和前期就规划好自身提升的准备，并结合内职业生涯的各种要素为自己制定合适的内职业生涯目标。

有些人只顾追求外职业生涯，这样往往会产生许多挫败感，社会是复杂的利益集合体，社会无法做到许多大学生天真质朴想象中的"绝对公平"，比如自身的努力往往不被上司看到，自己认为自己可以拿到更多薪水却没有被提拔等。仅仅追求外职业生涯往往会让人活在压抑的心情当中，这种压抑的心情还会影响工作，工作受到影响后外职业生涯的提升便更加困难，最终形成恶性循环。因此我们不应当只追求外在表现的外职业生涯，应当同时看重那些工作中为我们带来的知识的积累、能力的提升，体会工作中为我们带来的快乐感与工作完成的成就感。所以只有先把握好自身的内职业生涯目标，才能更好地为整体工作目标提供发展的动力。

内职业生涯目标包括：

①工作能力目标。工作能力目标是就业者对其工作能力在职业生涯中提升的目标，工作能力指的是与其工作相关的各种能力，比如相关专业操作能力、对工作及同事的组织领导能力、对工作的创新能力、与同事和上司的沟通能力等。在一个就业者的职业生涯中，衡量他的职业生涯是否成功，往往不是通过他是否升官、是否领取高薪，而是看其在职业生涯中是否创造出更多的价值与意义，其中就包括自身能力的提升。因为外部职业生涯并非一成不变，这些在得到后是有可能失去的，而自身的能力提升是伴随自己一生的。在职业生涯的发展过程中，我们经常会遇到工作的变动和转化。这些变化对我们的能力提出了更高的要求。因此，提升自身的能力是至关重要的，它不仅可以帮助我们更好地适应工作，还可以促进我们职业生涯的持续发展。只有通过不断地学习和提升，我们才能更好地适应工作的需求，从而实现职业生涯的成功。所以，我们应该始终保持学习的态度，不断提升自己的能力，以适应工作的变化，推动职业生涯的发展。同时工作能力也是达成外职业生涯目标的重要条件，只有不断提升自身的专业技术能力，提高自身在行业中的竞争能力，才能有更多的选择机会，当自身能力不足时往往没有选择单位的能力，但如果不断提高自身的工作能力，会让自己在外职业生涯的选择上达到更宽广的范围。所以当代大学生在设定自身内职业生涯目标时要优先考虑能力目标并将其置于职业目标之上。在设定能力目标时要符合实际，超出自身极限的目标是没有意义的。同时能力目标要有一定的挑战性，只有设定的目标高于自身现有水平时，自身能力才能得到提升，若设定的目标与自身现有水平很近，则会失去意义。

②工作成果目标。工作成果是我们工作的结果，它往往是我们工作晋升与薪水提升的直接依据，并且优秀的工作成果还会为我们带来成就感，让我们对待工作更有动力。

③心理素质目标。无论是在学习中、生活中还是在工作中，心理素质都是影响我们重要的一环。在当今社会，社会中的压力是工作者压力的重要来源，因此当今社会越来越关注人们的心理健康与心理素质。心理素质对于职业生涯发展极为重要，只有心理健康、心理素质合格的人才能在面对困难时正视挑战、战胜困难，最终在面对困难与挫折时不断提升；而心理素质不好的人会怨天尤人、害怕

退缩，在困难来临时不敢直视困难，只会想方设法地逃避。为了实现自身的各种目标，当代大学生需要设立心理素质目标，良好的心理素质是进行活动的重要基础，即使能力再强，心理素质不合格也是无法完成工作目标的，可以说良好的心理素质是达成工作目标的必要条件之一。心理素质包括提升自身抗挫折的能力、包容他人评价的能力以及面对困难临危不乱的能力。

④观念目标。观念目标包括的范围很广，它包括就业者看到事物的态度、对待工作方面的价值观、对待工作和同事的情感等。当今社会是信息快速交流的时代，随着互联网的发展，各种新型观念与日俱增，而这些新型观念会随着互联网快速传播，工作者会接受各种新型的观念。这些观念或多或少地会影响我们的工作，如对待工作、同事、上司、客户的情感态度。作为当代大学生，我们要设立合理且及时变通的观念目标，我们要辨别这些新型观念，取其精华去其糟粕，让这些新型观念为我们带来正面影响，保证我们站在时代的前沿，在思想上与观念上与时俱进。

（二）目标组合法

目标组合法也是促进我们职业生涯发展的重要方法，他可以帮助我们处理不同目标之间的关系，了解不同目标之间的构成。当我们面对不同的目标时，如果我们只能看到多个目标中相互排斥的点，那么我们只能选择放弃其中的一些目标，去实现某一目标；但如果我们能发现不同目标之间的相容性、因果关系或者是互补关系，那么我们便不用将某些目标放弃。我们可以尝试将目标组合相融，形成目标组合，最终同时对多种目标进行发展。目标组合法主要包括三种方法：时间组合法、功能组合法与全方位组合法。

1. 时间组合法

通过时间组合法进行的目标组合，可以从其时间关系中分为并进和连续两种不同的情况。

（1）并进。并进指的是同时进行的、同时完成的多个职业生涯目标，有时也可指在有当前工作目标的情况下制定的其他与当前工作内容无关的职业生涯目标。现代社会是一个包容的社会，我们在社会的发展中面临着许多机会，这些机会与当前的工作并不一定是完全冲突的，如果我们选择得好、处理得当，是有可能做到"我全都要"的。比如，有时我们可以完成多个并行的工作目标，它是指可以同时进行的但性质不同的工作，比如在企业同时兼职管理与技术工作，或者一个管理层管理多个不同层级的部门等。这种情况在许多企业中都会出现，因此当我们有足够的能力并处理好各个工作目标的关系时，是可以做到同时进行多个平行的工作目标的。并进还包括同时设定与当前工作无关的工作目标，这样做主要的目的是居安思危和未雨绸缪，在工作的同时不断发展自我。例如，一些深思熟虑的中年人，由于担心随着年龄的增长可能会失去现有的工作，他们选择学习一项与当前工作无关的新技术。另一方面，一些年轻人虽然已经有了工作，但他们仍然选择在工作之余努力考取公务员等职位。

（2）连续。连续是指在时间节点上没有间断，前后目标能链接起来，可以在实现一个目标后立刻开展另一个目标的目标组合。通过之前的分析，短期目标是由中期目标分解而来，而中期目标是由长期目标分解形成的。因此短期目标可以被看作长期目标的基础。只有我们连续完成短期目标，当完成短期目标的数量累积到一定量时，便会完成中期目标，再随着时间的推移，便会完成长期目标，最终完成最终目标。

2. 功能组合法

职业生涯的目标在功能上并非毫无关系，许多目标存在着功能上的联系，如因果关系和互补关系。

（1）因果关系。各种目标存在因果关系，比如能力目标与经济目标。能力目标是经济目标的原因之一。其因果可以表现为工作能力上升导致工作报酬的提高。在大部分情况下，外职业生涯目标是内职业生涯目标的结果。

（2）互补关系。职业生涯目标往往也有互补关系，互补关系让多个职业生涯目标相互促进。比如一个人的职业为高校教师，那么他会有教学目标和科研目标两个职业生涯目标。教学内容会为科研提供理论基础，科研成果又会为教学提供内容，二者相互促进。

3. 全方位组合法

全方位组合是指人生中的各个活动内容全部组合起来，将家庭工作与个人的全部内容进行结合形成共同发展的总体。一个人不肯只为工作而活，大部分人工作的目的是为了生活得更好。因此良好的职业生涯规划必须考虑到家庭以及个人的休息与娱乐，通过全方位组合法将自己生活中工作以外的目标加入职业生涯规划中，形成健康、合适的且良好发展的职业生涯规划。

三、制订职业生涯目标的注意事项

（一）符合社会和组织需求

职业生涯目标要考虑到社会的需要，我们从事的工作要存在一定的社会价值，如果职业生涯目标对社会没有价值，那么这个职业生涯目标也就没有意义，其最终也不会实现。

（二）适合自身特征

在设定职业生涯目标时，我们需要考虑自身的特征是否与目标相匹配。每个人都有自己独特的优点和缺点，因此在选择职业时，我们应该结合自己的优势和劣势来做出选择。我们的目标选择应该与我们的优势相符，而不是仅仅基于个人爱好或盲目追求流行趋势。这样的话，我们可能会走入误区。因此，我们应该明智地选择职业，以便能够充分利用我们的优势，避免因选择不当而走入歧途。

（三）高低恰到好处

职业生涯目标总的来看还是高一点好。大学生在选择职业生涯目标时要将其设定得有一定挑战性，作为当代大学生要有追求、有理想、敢拼搏，因此职业生涯目标应当是远大的理想，当我们确立了远大的职业生涯目标后会变得更有动力，只有志存高远才能走得更远。当然我们还要脚踏实地，不能将目标设为空想，一定要结合自身实际与能力，确立有可能达成的目标。远大的目标会起到促进和激励的作用，我们为了实现远大的目标而更加努力地学习、改变工作方式、更加奋发图强。目标的设定不能太过保守，与自己现实能力过于接近的目标无法起到上述激励作用，最终导致目标虽然轻松但也无法提高自己。

当我们确立目标的时候，要理解目标，目标不是理想也不是希望，理想和希望是更加虚无的精神境界，而目标则是具体的，是要我们脚踏实地去完成的。

（四）幅度不应过宽

我们说术业有专攻，在选择目标时应当选择某些相关目标或某个专业方面的目标，目标的确立面不宜过宽，过宽的目标会使人精力分散，无法利用目标组合法将多个目标进行结合，各个目标也无法形成互补的相互促进作用，过宽的目标面只会让人达成初期的短期目标，越到后续目标专业性越高，过宽目标就很难实现。只有我们把力量集中到一点，才能达成较好的效果，将全部精力都应对此目标，这样更易成功。

（五）长短搭配恰当

选择目标与划分目标时，要注意长短目标的相互促进作用，长期目标可以为自身行动指明方向，为短期目标的实现过程提供动力。而短期目标是实现长期目标的基础，首先短期目标就是由长期目标分割而成的中期目标再次分割而成，它是长期目标的一部分。因此想要实现长期目标就先得实现短期目标。同时短期目标也为长期目标的实现提供动力，短期目标的实现能让我们体会到成功的快乐，这种成功的快乐会鼓励我们——让我们在前进的方向上更有动力。

过多关注长期目标容易造成好高骛远，长期目标离我们现在的距离很远，只关注长期目标很可能让我们"飘"起来，无法做到脚踏实地；只关注短期目标又容易让我们迷失方向，看不到远大的理想，无法发挥其激励作用。因此我们必须做到长短目标相结合，让其共同发挥作用，确保自己的各种目标健康地实现。

（六）同时期目标不应过多

在职业生涯中，我们应该避免同时设定过多的目标。无论这些目标是否相关，过多的目标会分散我们的精力，阻碍我们实现目标之间的协同效应。此外，设定多个目标意味着单个目标的实现时间可能会延长，这可能会削弱我们体验成功的喜悦，降低目标实现的积极性。例如，一些自视甚高的大学生可能会同时设定多个目标，但最终发现实现这些目标非常困难，甚至一个目标都无法实现。因此，我们应该明确，目标的数量多并不代表成功。相反，我们应该实事求是地逐一实现自己设定的目标，以确保每个目标都能得到实现。这样，我们才能更有效地推进自己的职业生涯发展。

（七）目标应明确具体

目标是我们追求的具体成果，它不像理想和希望那样抽象，而是具有明确的现实性。在设定目标时，我们必须确立清晰、可见的目标，因为只有这样，我们才能明确每一步的行动方向。例如，在学习过程中，每个学年的学习内容都是明确可见的，这不仅使我们能够清楚地知道是否达到了目标，而且还能推动我们设定和实现后续的目标。当然，我们的职业生涯目标应与其他生活目标相结合，共同设立清晰的目标。例如，我们需要为学习、思想发展、身体锻炼等设定明确的目标，因为工作只是生活的一部分，生活的其他方面与工作紧密相关。只有当我们明确了其他方面的目标，并理解了这些目标如何影响我们，才能在此基础上设定职业生涯目标。因此，无论设定何种目标，我们都应明确目标的实现时间和深度。

（八）职业生涯目标应和生活目标结合考虑

生活是包含方方面面的，大部分的工作都是为了给生活提供更好的物质或精神条件，使生活更美好。因此生活是工作的基础，工作离不开生活。我们在确立职业生涯目标时一定要考虑到自身的家庭、婚姻、健康等问题。这些问题直接影响着我们职业生涯目标的确立。在生活中，物质是生活的基础，物质是人活动的最底层逻辑，只有满足了最基础的生理上的物质需求，我们才能满足更高的需求。因此我们在制定职业生涯目标时，对物质的目标也是必然要考虑的。

比如我们可以设立某一段时间想要获得的金钱，以此金钱数量作为激励我们的动力，这样还可以达成目标具体清晰的要求。婚姻也是影响职业生涯目标的关键，因为婚姻对于所有人都是一件大事，好的婚姻会为职业生涯带来促进作用，不合适的婚姻不仅会对工作带来不良影响，还对一个人生活的方方面面都会产生不良影响。还有健康方面，身体是工作的"本钱"，没有了健康便无法工作，所以要注意锻炼身体。职业生涯目标一旦确立，不用在意别人的闲言碎语。个人要明白：规划好我们的生活、规划好我们的职业生涯是自己的权利也是自己的责任，我们带着崇高的理想接受高等教育就必须对我们的未来负责，现在正是确立好自身职业生涯规划的大好时机，我们要确立好职业生涯目标，让职业生涯为我们的生活负责。

第四节 职业生涯的决策制定

一、职业生涯决策的平衡单法

所谓的职业生涯平衡决策的单法就是协助决策者综合与职业选择相关的各个

要素，进行科学决策的一种方法。我们在职业生涯的规划过程中，往往会面临多重选择，当我们在做出不同的选择时，其造成的结果也是多种多样的。职业生涯决策的平衡单法就是将这些不同的选择尽可能地放在统一的框架内进行分析，分析出可能的结果，并根据分析结果进行对比，让就业者比较多种结果造成的精神与物质方面的得失，也可以为各种结果施加不同的权重，在充分对比分析后，最终在多重选择里确定其中的一种或几种以确立我们的职业生涯规划。

（1）列出多种职业选项，一般可列出3—5种，其数量也可视情况增加。

（2）对各个职业进行判断分析，在对职业进行分析时主要考虑四个方面：个人物质方面、他人物质方面、个人精神方面、他人精神方面。

个人物质方面主要包括：个人工作收入、工作是否稳定、是否有充足的升职加薪、工作期间是否有充足的休息时间、工作的环境自己是否可以适应、对自身健康的影响等。他人物质方面主要是针对自身家庭成员如父母、子女配偶以及朋友等。在分析判断时要考虑他人的经济状况如家庭经济、自己能陪伴家人的时间等。个人的精神方面包括：生活方式的改变、工作的压力、工作的挑战性、完成工作是否会让你获得成就感等。他人的精神方面主要包括：家人是否因为此份工作产生自豪感、是否会因为这份工作伤害他们的感情等。

（3）为上述分析的结果赋予权重。这个权重对于不同的人有着不同的准则，比如有的人看重家庭，会在他人的精神、物质得失方面予以更高的权重；有的人注重收入，便会在收入方面予以高权重。权重具有很强的主观性，一般由求职者对权重进行五个等级的划分，对于求职者越重要的内容，对其赋予的权重一般数字较高。其中"5"代表极为重要，之后数字越低代表着在求职者心里越不重要，数字"1"代表不怎么重要。

（4）综合评分。面对多个求职选项，将上述内容分析得出的项目的权重相加或相减，"+"代表得到，"-"代表失去，比如我们得到了收入就将收入的权重设为"+"号，失去了舒适就将舒适的权重设为"-"号。

（5）将每个工作的各项相加或相减得到每份工作的最终权重得分。

（6）按照权重得分的高低将各项工作进行排序，得分最高的便是对你最具有吸引力的工作，得分较低的便是对你吸引力较少的工作，可以在制定生涯规划时尽量避免。

二、职业生涯决策的 SWOT 分析法

SWOT 分析法是一种对职业合适度进行分析，并帮助进行职业决策的分析方法。其中 S 代表 Strengths，意为优势；W 代表 Weakness，意为弱势；O 代表 Opportunity，意为机会；T 代表 Threat，意为威胁。这四种要素中 S 与 W 是求职者本身的内部因素，而 O 与 T 是外部影响因素。

我们可以通过 SWOT 分析法对自身以及目标职业进行分析，通过 SWOT 分析后我们可以知道自身的优势与劣势，以及自身与职业发展的机会与威胁。

我们在使用 SWOT 分析法时应当遵循以下步骤。

（一）分析环境

环境包括内部环境和外部环境，内部环境指能力、优势等，外部环境指社会、家庭、行业状况、就业形势等。

（二）构建 SWOT 矩阵

将以上四个方面的因素按对职业生涯决策的影响程度排列出来，各个因素的重要程度可以用对比矩阵分析得出。职业决策中的 SWOT 矩阵如表 2-4-1 所示。

表 2-4-1　职业决策中的 SWOT 矩阵

内部因素	优势：个体可以控制并可用的内在积极因素。 （1）工作经验； （2）教育背景； （3）特定的可转移技巧（沟通、领导能力等）； （4）人格特征（职业道德、自我约束、工作压力、创造性等）； （5）广泛的人际关系网络； （6）专业的影响力	劣势：个体可控并努力改善的内在消极因素。 （1）缺乏工作经验； （2）缺乏目标，自我认识和工作认识不足； （3）学习成绩差，专业不对口，缺乏专业知识； （4）较差的领导能力、人际交往技巧、团队合作能力等； （5）负面的人格特征（职业道德、自律性、工作动机、情绪化等）

续表

	机会：个体不可控但可利用的外部积极因素。	威胁：个体不可控但是可以弱化的外部消极因素。
外部因素	（1）就业机会增加； （2）再教育机会； （3）专业领域急需人才； （4）自我提高所带来的机遇； （5）专业晋升机会； （6）专业发展机会； （7）职业道路选择带来的独特机会； （8）地理位置优势； （9）强大的关系网	（1）就业机会减少； （2）同专业的名校大学生带来的竞争； （3）具有丰富技能、经验、知识的竞争者； （4）缺少培训、再学习所造成的职业发展障碍； （5）工作晋升有限； （6）专业领域发展有限； （7）企业不再聘用与个人同等学力或专业的员工

（三）组合决策种类

遵循内部因素与外部因素相结合的原则，组合出四种类型，如图 2-4-1 所示。构建这样的组合是为了制定相应的策略，以发挥优势因素，利用机会因素，克服劣势因素，化解威胁因素。SWOT 分析法要求必须对组合类型进行系统、综合的分析，才能得出一系列适合自己的可选择的策略。由于各种因素在随时间发生变化，选择应该适时调整。大学生可以每隔一段时间做一次 SWOT 分析，在校期间至少要做两次。

	机会（O） 1. 2. 3.	威胁（T） 1. 2. 3.
优势（S） 1. 2. 3.	机会-优势（OS）策略 1. 2. 3.	威胁-优势（TS）策略 1. 2. 3.
劣势（W） 1. 2. 3.	机会-劣势（OW）策略 1. 2. 3.	威胁-劣势（TW）策略 1. 2. 3.

图 2-4-1 SWOT 分析

SWOT 分析的目的是强化优势，抓住机会。化解威胁，对待劣势，应具体情况具体分析。如果威胁一直存在，不能回避，就要用优势战胜它。如果劣势不构成职业生涯发展的障碍，就不要太在意，反之，要尽可能地去弥补。一般而言，花时间去弥补劣势，不如花同样的时间强化自己的优势。

（1）OS策略。OS策略是针对自身的优势因素与机会因素，努力会使机会与优势因素变大。

（2）TS策略。TS策略是针对自身的优势因素与威胁因素，努力会使优势因素变大，威胁因素变小。

（3）OW策略。OS策略是针对自身的劣势因素与机会因素，努力会使劣势因素变小，机会因素变大。

（4）TW策略。TW策略是针对自身的劣势因素与威胁因素，努力会使劣势因素和威胁因素变小。

在SWOT分析法中OS策略是其中最主要的策略，机会因素与优势因素很难有其他方面的代替法，对于求职者来说，掩盖自身的劣势，还不如突出优势。因此，在几个自己感兴趣的职业目标中选择与OS策略最匹配的职业目标，努力更容易得到回报。

第五节　编制职业生涯规划书

职业生涯的规划是对学生的个人未来职业发展的设计与选择，我们可以采用书面文字性方案进行规划，形成职业生涯规划书，这样可以引导我们更便捷地规划思路，并在出现问题时及时进行修正。

一、职业生涯规划书的内容

（一）标题

标题是职业生涯规划书的精髓，它反映了规划书的核心主题。一个好的标题不仅能够吸引读者的注意，还能让读者对规划书的内容有一个大致的了解。因此，我们在选择标题时，应该确保它既能准确地反映规划书的主题，又能引起读者的兴趣。同时，标题还应该简洁明了，避免使用复杂的词汇或短语。标题下的内容应当包括就业者的姓名、规划年限、年龄、目标及所需的时间。目标可以是各种长短目标的时间，可以是短期的一两年也可是长期的长达数十年。时间内容因人而异。对于大部分的大学生，最好将时间定为毕业后的5—10年。

（二）目标确定

目标的确定可以是多种目标，其中包括职业目标，在时间跨度上可以是短期目标也可以是长期目标。首先应当确定职业的选择，这是职业生涯规划书的最基本内容，之后短期目标和中期目标是阶段性目标，它们是就业者在一定阶段内想要达成的目标。计划书中还有长期目标，长期目标要做到就业者本人可以预见的最远目标。对于长期目标的确立，就业者最好确立较高、较远的目标，这样有利于对就业者形成激励作用。

（三）个人分析结果

个人分析结果是计划书极为重要的部分，首先就业者需要了解自己才能在职业选择中选择出更好的、更适合自身的职业。其中个人结果分析包含了自己的当前状况以及对未来职业发展的期望。

（四）社会环境分析结果

社会环境分析是对就业者想要从事的行业以及企业在社会上整体的环境分析，其中包括社会对此行业是否有更大的需求，其发展趋势如何。这些内容可以从当前社会的政治、经济、文化以及政策等内容进行分析。

（五）组织（企业）分析结果

职业生涯规划书还应当对想要入职的企业进行分析，分析这些组织或企业的各种制度、文化风貌、用人要求，以及待遇、未来的发展规划与发展优劣势等。

（六）目标分解和目标组合

想要对目标进行分解和组合，首先要对影响目标的因素进行分析，选择合理的划分方法。通过目标的分解组合可以将目标与目标之间的关系更全面且更直观地展现出来。我们可以从目标完成时间的长短方面，将目标划分为在一定时间内完成的阶段性目标；根据目标的功能性质将其划分为各种功能目标。目标的组合可以帮助我们进一步了解目标之间的关系，通过组合也可以帮助我们更便捷地完成目标。

(七)实施方案

目标的实施是我们对于如何实现目标的关键,我们可以从自身知识储备、各种技能与能力等方面进行分析,初步制定出实现目标的计划。不过这些实施方案虽然是以事实为依据,但最终也是"纸上谈兵",因此我们在实现目标的过程中要对其进行实时调整。

(八)评价标准

在制定目标与目标实施的过程中还要考虑其可行性,因此需要一定的评价标准来核实目标施行的可行性,并根据这些标准进行调整。评价标准也是可以根据实际情况随时进行调整的。

我们在真正书写职业生涯规划书时,没有必要完全按照上述顺序进行书写,职业生涯规划书是对自身未来职业的规划,虽然要以事实为基础,但没有那么多的条条框框。比如我们可以先对自我评估,先分析出自身的优劣势再对环境进行分析,最终确立职业方向。但要注意的是,为了职业生涯规划书主题更加突出明显,方便自己之后阅读及修改,最好在文案中更加突出主题,突出自身的目标方向。

二、职业生涯规划书编制的注意事项

(一)职业生涯规划应贴合实际

职业生涯规划是建立在对自己的兴趣、特长、能力及社会需要等各方面全面了解的基础上的,进行目标设定时一定要结合自身特点和情况,不能完全脱离现实。兴趣与能力、能力与社会需求是存在一定差异的,我们所要做的是在这诸多因素中找一个共同点,将自己的经历经验、专业技能、兴趣特长等有机结合起来,这样的职业目标才会有生命力。

职业生涯规划书虽然是计划并不是实际的实行,可以进行修改,但也要以实时为依据。我们在书写职业生涯规划书时要根据自身的特长、能力、知识储备以及对职业的热爱等因素,结合社会对行业的需求与认可确立职业规划并书写职业规划书。

(二)人才素质测试是了解自我的理论依据之一

职业生涯规划书中,对自我的认知分析是极为重要的一部分,我们要通过人才素质测试对自己进行专业可靠的测试，得出专业的结论并以此为依据。有些同学对自己的评价仅仅来自自我体验与平时他人对自己的评价，这是不全面甚至是不可靠的，在职业生涯规划书中我们确实可以参考自我体验以及他人对自我的评价，但这些内容要与人才素质测试结合起来共同使用。即使是专业的人才素质测试也不一定能得出最正确的结论，所以切勿完全相信人才素质测试，要具体情况具体分析。

（三）措施应有可行性

我们在书写职业生涯规划书时，面对各种目标会制定各种实施方案，这些实施方案要有一定可行性。可行性首先是要有办法达到，不要制定一些无厘头的方案，方案需要创新，但也要符合实际。其次要制定自己能达到的目标，别人可以做到不代表自己可以做到；别人做不到的事情不代表自己也不能做到。制定的施行方案要与自己的现实情况相结合，得到对于自己可行的实施计划。在制定实施计划时，可从多方面来制定，比如既制定短期目标的实施计划也制定长期目标的实施计划，并且在实施计划中要有明确的时间观念。对于不同年级的学生，其制定职业生涯规划书的实施方案也不同，对于将要毕业的学生可以制定毕业之后几年内的职业生涯规划书，而对于低年级的学生可以制定一定的目标并配以大学在校期间的学习计划，等升到高年级时再进行后续的规划。

（四）规划书应有自己的风格与特点

规划书要有自身的特点，职业生涯规划书是面向个人的，因此学生可以在其中充分发挥自己的主观能动性，大胆设计出具有自身风格，彰显自己特色的规划书。

（五）编订规划书注意事项

职业生涯规划书要具体清晰，不能写过多虚无缥缈、又大又空的内容，规划书要以实际计划为主，可以略带感情，但感情内容要有一定的限度。还要注意逻辑与条理，不要出现错别字以及语病等，以免影响之后的阅读和修改，职业生涯规划书是对自己未来的规划，书写时要展现出朝气蓬勃以及对未来的期待，不要写得郁郁寡欢，好似对未来毫无希望。

第三章 大学生就业形势分析

本章对大学生就业形势进行了阐述，主要从大学生就业现状分析、大学生就业相关政策分析、大学生就业工作趋向和大学生就业规定和流程四个方面进行介绍。

第一节 大学生就业现状分析

"就业是高校毕业生面临的重要问题之一。随着经济形势的迅速发展及高等院校的不断扩招，大学生就业形势愈发严峻，妥善解决就业问题面临的诸多挑战，不仅关乎着学生群体的切身利益，更是全面建设社会主义现代化国家新征程的需要。"[1]

一、大学毕业生就业现状

职业是一个人安身立命之本、施展抱负之基、成就自我之途。选择了一种职业就是选择了一种生存方式，选择了一种生活甚至书写了不一样的人生。可见，职业选择，对于人的一生有着重要的影响。但是，职业有时却是可望而不可即的，基于多种原因，大学生就业难已经成为一个不争的事实。分析其原因，寻找解决的对策，是大学生必须面对的问题。大学生就业难的成因主要有以下几个方面。

（一）大学生绝对值增加

中国高等教育大众化发展已经呈"势不可挡"之局面。实际上，我国现阶段的高等教育既有大众教育的某些特征，又有普及教育的某些因素。随着办学机制的多样化，各种类型的学校蓬勃发展。学生数量的增加造成一定程度的就业困难。同时，从表中可以看出（表3-1-1），精英教育与大众教育有很多的不同，实际上，

---
[1] 李露芳. 当前大学生就业形势分析及对策研究 [J]. 就业与保障，2021（10）：39-40.

我国的"大众"教育蕴含着许多"普及"因素,就其教育功能看,"为广大民众职业生活做准备"已成为现阶段的现实要求,"高度开放、灵活的通识教育""多样多元化教学"方式也会逐步被以就业为导向的学校采用,在这种情况下。如果一类院校还沉醉于精英教育的陶醉中,学生还以"精英"为标准选择职业,那么,就业难的问题不可避免。

表 3-1-1 高等教育发展的阶段性特征

比较维度	精英教育	大众阶段	普及阶段
毛入学率	15%以下	15%—50%	50%以上
教育功能	培养学术和政权精英	培养社会组织领导者和专业技术人才	为广大民众职业生活做准备
课程设置	高度结构化、专门化(必修制、学年制)	模块化、半结构化(选修制、学分制)	高度开放、灵活的通识教育
教学方式	导师制,个别指导或讨论式教学	弱化师承关系,课堂教学为主,讨论为辅	多样化、多元化教学
办学模式	直接选拔升学,统一性,标准化,小规模	准选拔性,入学形式多样化,标准多元化,大规模化	非选拔性,无统一标准,更加多样化、多元化

(二)我国就业岗位相对欠缺

1. 我国就业弹性系数下降

就业弹性系数是指就业和 GDP 的关系,GDP 每变动一个百分点就会使就业率改变很大,就业弹性系数越大,说明经济发展对于就业的改善越大,但是我国近几年的就业弹性系数持续走低,说明我国经济虽然一直在良好发展,但这些新发展的经济领域并没有很好地带动就业,其中的主要原因是我国中小企业太少,就业容量不大。从国际上看,一个国家 99.5% 的企业属于中小企业,劳动者 65%—80% 在其中就业属于正常。但我国的中小企业生存面临一些挑战,这可能导致它们的数量相对较少,对劳动力的吸纳能力也可能不尽如人意。

2. 劳动密集型产业数量不足

随着中国经济持续高速发展,人均工资水平不断上涨,确实存在部分以出口为主的劳动密集型企业从中国向国外转移产能的现象。同时,中国正在努力推动制造业向高端化、智能化、绿色化发展,构建新一代信息技术、人工智能、生物技术、新能源、新材料、高端装备、绿色环保等新的增长引擎。随着经济结构和发展模式的调整，新兴产业对劳动者素质提出了更高的要求。这可能导致劳动力市场供需错配，即市场上失去岗位的人群所具备的技能，并不是新产生的就业岗位所需要的。

3. 第三产业发展滞后

在与发展水平相近的国家比较时，我国第三产业的比重会显得较低，发展速度相对较慢。现行管理体制在一定程度上影响了第三产业的发展，有的地方行政管理色彩较重，行业准入限制较多，这导致第三产业的发展受到一定抑制，部分第三产业的就业力未能得到充分发挥。另外，我国的城市化水平和城市规模与经济发展水平相比较低，这在一定程度上抑制了第三产业的发展。

（三）学校教育和社会需求脱离

1. 专业人才素质不达标，导致岗位难得其人

近年来我国高等院校的毕业生数量日益增加，但是高校毕业生的专业水平参差不齐，部分高校毕业生无法直接投入工作，需要企业投入大量资源对其进行培养。在"合格工程师可获得程度"和"合格技术人员可获得程度"两个方面证明了目前我国高校在某种程度上仍然受传统教育思想的影响，有的高校还保持着"重分数，轻能力"的传统。

2. 部分学校专业设置不合理，造成人岗不匹配

高校通常每四年会对专业构成进行一次调整，然而，社会经济的快速发展使社会对人才的需求变化频率超过了这个调整速度。因此，在学生入学时热门的专业可能在他们毕业时已经饱和，导致一些毕业生难以找到工作。这需要国家出台政策对高校进行及时调整。值得注意的是，学校教学通常以学科为中心，强调学科的完整性，而职位则以能力为中心，强调知识的应用性。因此，如何平衡以知识发展为中心和以就业为导向的教育模式，是学校需要着重考虑的问题。

（四）就业制度不配套

失业分为三类，分别是摩擦性失业、周期性失业与结构性失业。前两项为短期失业，而人们通常将大学生失业视为结构性失业，进而将"转变观念"作为解决之道。然而，由于信息不对称，导致"人不知其位，位不得其人"，造成职位浪费。

目前，我国的社会保障机制还存在一些提升的空间，对于高校产生的人才，

社会在一定程度上无法合理地进行消化吸收，这导致社会中人才的使用出现一些问题。例如，部分企业中存在一些员工能力不足，但由于缺乏替代的人才，他们可能无法离开岗位；同时，现在的大学毕业生会根据个人爱好选择工作，这导致一部分毕业生在毕业时无法立刻找到工作。因此，社会中出现了一种"人才既多，人才又少"的局面，导致人才方面的滞胀。

（五）大学生就业观念未彻底转变

当代大学生就业价值取向发生了很大的变化，从以前追逐大城市、事业单位、大企业单位，转为到一些中小民营企业、基层单位就业。就业压力使大学生改变了以往的就业观念，主要表现在：第一，就业单位的选择范围不断扩大。外企、民营企业由于国家政策的扶持以及发展速度的迅猛，成了大学生就业的热门选择。第二，在就业时，大学毕业生更多地关注工作未来的发展前景。大学生的数量在不断增加，大部分学生开始看重自己成长过程中的发展机会。这种重视个人发展机会，轻薪酬福利的观念是形成正确就业价值观的必然趋势。

近几年，在国家政策的宣传和支持下，越来越多的大学毕业生选择了到基层、到西部工作的就业方向。我国出台的鼓励大学生到基层工作的政策主要有：大学生志愿服务西部计划、"三支一扶"政策、大学生村干部政策、鼓励各类企事业单位特别是中小企业和民营企业聘用高校毕业生、鼓励高校毕业生自主创业和灵活就业、为学生创业提供税费优惠或者小额贷款，并组织创业指导、创业培训、政策咨询等活动。

二、解决就业难的方法

（一）拓展就业空间

近年来我国为了大学生的就业问题采取了多项措施，各种政策支持鼓励大学生就业。如引导大学生到城乡基层就业；鼓励大学生到中小型企业就业；鼓励大学生能够自主创业等。这些措施，无疑拓宽了大学生的就业渠道。同时，国家也采取了多项措施，切实拓宽就业空间，如：

（1）国家公务员招考，提高了透明度、规范性，相当于增加了就业岗位。

（2）组织实施"选聘高校毕业生到村任职""三支一扶"（支教、支农、支医和扶贫）"大学生志愿服务西部计划""农村义务教育阶段学校教师特设岗位计划""大学生村干部"等多项计划，鼓励大学生到基层建功立业。

（3）鼓励高校毕业生积极参加城市社区建设。围绕面向群众的社会管理、公共服务、生产服务、生活服务、救助服务等领域，大力开展适合高校毕业生就业的基层社会管理和公共服务岗位，引导高校毕业生到城市社区从事社会管理和公共服务工作，鼓励大学生参加公益性质的岗位，国家给予公益类型的岗位补贴。

（4）鼓励大学生应征入伍，对应征入伍服兵役的高校毕业生，按规定实施相应的学费和助学贷款代偿。

大学生要了解国家的相关政策，充分利用国家创造的机遇，积极就业。

（二）转变就业观念

随着我国教育的发展，大学毕业生的人数迅速增加，大学毕业生的就业压力剧增。大学毕业生应准确定位、调整就业心态。改变就业观念是缓解和解决"就业难"现象的关键。要树立到基层、艰苦地区、非国有企业就业的观念，走先就业、后择业、再创业的就业之路，以灵活的就业观念，在广阔的市场上寻找或创造适合自己特长的岗位。

1. 到西部去

我国幅员辽阔，自然资源极为丰富，自改革开放以来，为了平衡东西部发展不平衡，党中央、国务院作出了"西部大开发"的英明决策，广袤的西部大地迎来了良好的发展机遇，高校的莘莘学子也迎来了难得的发展、创业良机。不少学子响应党的号召，到西部去，到祖国最艰苦的地方去，到人民最需要的地方去。他们背起行囊，带着理想抱负，揣着自信和坚定走向这块神奇而可爱的土地，他们去拓荒，他们去创造，他们去奋斗，他们为人民的富裕、国家的富强而奋斗，我们应该学习这种精神。

2. 到基层单位去，到生产第一线去

我国已经进入全面建设社会主义现代化国家、向第二个百年奋斗目标进军的阶段，国家推出了全面繁荣农村经济，加快城镇化进程，促进区域经济协调发展等重大举措。要实现新的发展目标，必然需要大批人才的支撑，这为大学毕业生就业提供了重要机遇。结合目前的就业形势，到基层、到农村、到中小企业就业，应是今后每一个时期高校毕业生就业的主渠道，是解决毕业生就业矛盾的根本措施。基层是年轻大学生经受锻炼、快速成长的重要地方。近年来，高校毕业生中涌现出一大批投身基层，在生产第一线建功立业的优秀典型，他们在为祖国、为人民、为社会做出贡献的同时，也找到了自己的人生目标，实现了自己的理想和人生价值。实践证明，高校毕业生在基层大有作为，服务基层是他们了解社会、报效祖国、增长才干、迅速成才的必经之路。

3. 到民营企业去

大学生应该转变就业观念，不仅仅看重国有企业或者大型企业，也可以考虑到民营企业去发展。民营企业往往能提供更多的发展空间和学习机会，有助于大学生更好地实现自我价值。同时，民营企业的发展也需要大量的高素质人才，大学生的加入，将对民营企业的发展起到积极的推动作用。因此，大学生应该根据自身的兴趣和专业特长，选择最适合自己的工作，无论是在国有企业，还是民营企业。这样既能实现自我价值，也能为社会做出贡献。毫无疑问，去民营企业就业，对大学生来说有很多发展的机会，是一个广阔的天地，也是一次机遇。

4. 大学生自主创业

为了解决大学毕业生就业难的问题，我们应该将自主创业的思想、技术和技能纳入高等教育课程中，并提供支持和激励机制，以便让毕业生在进入社会时拥有积极进取的创业态度和决心。如今，"创业"已经成为一些毕业生的新理念和行动宣言。随着时代的不断进步，对于大学生的创业教育和创新能力培养，国家、社会和高校越来越重视，并且采取政策上的措施来鼓励和支持创业。如通过设立政府贴息小额贷款计划或社会风险投资基金等方式，来支持大学生进行创业。此外，还可以在一段时间内减免毕业生自主创业的税费，以此促进他们的经营活动。虽然自主创业是一项挑战，但通过从小兴趣或从服务业开始，仍然有可能成功。毕业于计算机、汽车维修、家电维修、营销、农业种植养殖等专业的毕业生具备一些优势条件，特别是在从基础做起和自主创业方面。大学生在公共服务领域也有很多创业机会。未来就业的一个很好的选择将会是自主创业。随着大学毕业生在社会中积累了几年的实践经验，越来越多的人开始有了创业的想法，寻求自己成为企业老板。

5. 参与服务行业中的工作

随着高等教育的普及化以及科技和社会的发展，曾经不需要太多技术技巧的工作岗位，现在要求从业人员具备较高的知识和技术水平，这是很自然的趋势。随着教育的不断进步，社会文化水平也不断得到提升，各行各业的人们知识水平也必然得以促进。在这样的国情下，许多过去认为是工人干的"力气活"由更高素质、更多知识的大学生担任是理所应当的。

其实，我国目前虽然毕业生数量众多，但并非毕业生数量已经过剩，没有工作为毕业生提供，而是许多毕业生对某些地域的工作或某些性质的工作没有以平等的心理对待它们，导致这些毕业生始终没有把这些工作放在眼里。以目前中国的发展状况来看，在基层、西部、民营企业以及自主创业市场中都有毕业生发挥的广阔天地。

第二节 大学生就业相关政策分析

一、鼓励性政策

（一）鼓励高校毕业生到基层与艰苦地区工作

我国是一个农业大国，缩小城乡差距，促进共同富裕，一直是我党的一个重要政策。农村建设，需要一大批建设者，一大批有素质有想法有创意的人才去服务农村、建设农村、改变农村。在农村人才外流、知识相对贫乏、观念落后的状况下，如果不注入新鲜血液，那么我们的农村，将会更加贫穷、更加落后。基层是国家各项政策的落脚点，更需要一大批有志青年。

所以，国家鼓励大学生到农村去，到基层去，大学生可以到乡镇基层单位去，进行支教、支医、扶贫等工作，相关政策也有所支持，若在贫困地区两年以上，在报考研究生等考试中还会优先录取。"大学生村官"和"三支一扶"等就是国家采取的重大措施。

1. "大学生村官"

选聘高校毕业生到农村任职，是党中央作出的一项重大决策，对于改善和优化农村干部的结构，增强基层组织的活力，促进农村改革与发展，有着重大意义，使其焕发出勃勃生机，大学生村官计划自实施以来，取得了显著的成效。

2."三支一扶"

人事部 2006 年颁布的第 16 号文件《关于组织开展高校毕业生到农村基层从事支教、支农和扶贫工作的通知》，从 2006 年开始，连续 5 年，每年招募 2 万名高校毕业生，主要安排到乡镇从事支教、支农、支医和扶贫工作。每年 5 月底前下达计划，采取考核考试方法进行。6 月上报大学生名单到全国"三支一扶"工作协调管理办公室备案，7 月底前派遣到服务单位报到。户口统一由省级工作协调办公室指定的有关机构管理，也可根据本人意愿，转回学前户籍所在地。县团委要在"三支一扶"乡镇择优选择 1—2 名大学生兼任乡镇团委副书记。服务期为 2—3 年，工作期间给予一定生活、交通补贴。统一办理人身意外和住院医疗保险，费用由地方财政专项经费支付。到西部服务两年以上的，报考硕士研究生初试总分加 10 分，同等条件，优先录取。"2022 年"三支一扶"计划的招募聚焦三个重点：一是向乡村振兴重点帮扶县、脱贫县、易地扶贫搬迁大型和特大型集中安置区所在县倾斜，首次对国家乡村振兴重点帮扶县实行计划单列。二是向革命老区、民族地区和边疆地区等倾斜，对招人难、留人难的艰苦边远地区，继续实行放宽专业要求、降低开考比例、提高本地户籍毕业生比例的优惠政策。三是优先招募脱贫户、零就业家庭毕业生，优先招募已参加规范化培训的医学专业毕业生。"[1]

（二）鼓励高校毕业生自主创业与灵活就业

凡高校毕业生从事个体经营的，除国家限制的行业外，自工商部门批准其经营之日起，1 年内免交登记类和管理类的各项行政事业性收费。有条件的地区由地方政府批准，在现有渠道中为高校毕业生提供创业小额贷款和担保。为加大对高校毕业生自主创业和灵活就业扶持力度，各地都出台了相应政策，规定凡自愿到西部地区及县以下基层创业者，自筹资金不足时，可向当地经办银行申请小额担保贷款。对从事微利项目的，贷款利息由财政承担 50%（中央财政和地方财政各承担 25%）。有条件的地区，可通过财政和社会渠道筹集"高校毕业生创业资金"，为毕业生自主创业提供相应支持。各级政府有关部门，要为自主创业、灵活就业的高校毕业生提供必要的劳动人事保障代理服务，在劳动关系形式、社会保险缴纳和保险关系接续等方面提供保障。

---

[1] 新华社网. 怎么报考、待遇如何、怎么流动——聚焦 2022 年"三支一扶"计划 [EB/OL]. （2022-06-23）[2023-05-23].https: //www.gov.cn/zhengce/2022-06/23/content_5697383.htm.

（三）鼓励招聘高校毕业生，提供便利条件和相应服务

省会及以下城市应认真执行有关政策，取消对企业跨地区聘用的高校毕业生的落户限制。各地应执行企业自主权，促使各个企业根据实际情况多招收高校毕业生。高校毕业生只要进入中小企业和非公有制单位就业，其专业技术职称评定将与国企员工享有同等待遇。

此外，在西部大开发，国家公务员录用方面都出台了一些鼓励接收的政策。

二、社会保障政策

毕业半年以上未能就业并要求就业的高校毕业生，可持学校证明到入学前户籍所在城市或县劳动保障部门办理失业登记。组织其参加职业培训或就业见习。对每个登记失业的毕业生，劳动部门承诺在3个月内免费提供一次政策咨询和职业指导，提供3次基本适合的岗位需求信息；对申请参加职业资格培训和见习的，按规定给予培训补贴；对失业时间较长或家庭生活困难的毕业生，要重点帮助，帮助其尽快就业。劳动保障部门所属的公共职业介绍机构和街道劳动保障机构，应免费为其提供就业服务。对已进行失业登记的高校毕业生，有条件的城市、社区可组织其参加临时性的社会工作、社会公益活动，或到用人单位见习，给予一定报酬。对于因患病等原因短期无法工作并确无生活费用来源者，由民政部门参照当地城市低保标准，给予临时救助。此项费用由地方财政承担。

各地在考察用人单位工作岗位、工作环境的基础上，将条件合格并有积极性的企事业单位，确定为见习单位。对于有一定规模者确定为就业见习基地，并挂牌公布。见习期6个月到一年。见习期被录用者，见习期可以作为工龄计算。见习结束后，对高校毕业生进行考核鉴定，出具见习证明作为用人单位招聘选用的依据。见习单位和地方财政部门根据当地实际情况对毕业生提供基本生活补助。非本地毕业生参加见习享受的优惠政策，各地自行制订。

三、户口政策

为高校毕业生办理户口和人事档案手续提供便利。对毕业离校时未落实工作单位的高校毕业生，本人要求户口和人事档案保留在学校的，按规定保留两年。

在此期间，档案管理机构对保管其档案免收保管服务费用；本人要求将户口转回入学前户籍所在地的，公安机关应当按照户籍管理规定为其办理落户手续，人事、教育部门所属人才交流服务机构负责办理相关手续，人事部门所属人才交流服务机构免费提供人事办理服务。本人落实工作单位后，公安机关按有关规定办理户口迁移手续。

对用人单位跨地区聘用的高校毕业生，省会城市、副省会城市、地级市应取消户口限制，简化有关手续。

国家鼓励各类中小企业和非公有制单位聘用高校毕业生，公安机关要放宽建立集体户口的审批条件。

取消对接受高校毕业生收取的城市增容费、出省费、出系统费。

公安部门对应届毕业生凭用人单位与毕业生签订的《就业协议书》和毕业生所持的《普通高校毕业证书》，为其办理落户手续。非应届生凭用人单位录用手续、劳动合同和《普通高校毕业证书》办理落户手续。

近年来，多个省份、城市已放宽毕业生落户条件，例如，2024年对于在京工作的准市民，只要在京缴纳社保3年以上，40岁以下的专科及以上学历职工，如果在滨海新区购买了90平方米以上的新建商品房，就可以申请落户；天津全日制高职及以上院校集体户的在校生和毕业生，也可以申请在滨海新区落户，如果没有合法产权住房，可以落在人才市场集体户；2023年浙江和江苏这两个经济强省，去年就宣布全面取消了落户限制政策。

第三节　大学生就业工作趋向

目前大学生有了新的工作趋势，研究这些动向，采取积极的策略，将会促进大学生就业工作的开展，有利于大学生更好地培养自己。

一、就业短期化成为趋向

一次就业终生在岗，这是计划经济时代人们的思维方式。但在现代社会中，由于人们思想的进步，社会中，一辈子做一份工作的概率大大降低。一方面，劳动力过剩，一方面大学生就业结构失衡，造成双向选择力度加大。用工企业优中选优无可非议，大学生找不到合适工作而暂时性地选择并不适合的岗位就业在所难免。面对一份只是为了缓解就业压力，并不完全符合自己兴趣、性格的职业，一些毕业生选择将其作为一个跳板、一个暂时的避风港。在工作一段时间产生不适应后，频频跳槽，"先就业后择业"的隐忧也凸显出来。一些应届生很难长时间地在某一单位工作，其中一部分在短时间内便会离开，导致刚毕业的大学生流动性很大，这对单位与个人来说都是一种损失。为了解决这一问题，很多企业采用两阶段雇用模式，和延长试用期的方式，从而对应聘者进行全面考察，以便留住既有高素质又有高忠诚度的员工。随着社会的发展，一生只在一个单位就业在社会上发生的频率越来越少，人们开始采取"短就业"模式，这种模式可以增加员工的活跃度，保持单位的活力，员工也可以更轻松地追求多种适合自身的工作。跳槽成为职业选择中的一个常用名词。在这种大趋势下，我们应该采取的对策有如下几个方面。

（一）"骑马找马"，积累资源

面对越来越大的就业压力和择业难度，马上找到一份心仪的工作难上加难，况且，很多专业的学生不能一步到位。考虑到融入社会，接触实践是大学生成长的一个必要阶段，专家们提倡"骑马找马"。找一份与理想岗位相近的工作，积累经验；或者找一份与理想职业毫不相干的工作，蓄势待发；或者找一份南辕北辙的差事，不做"啃老族"。当然，高校在追求良好就业率数据的同时，应避免采取任何可能让学生感到"被迫"就业的措施。高校需要真正考虑学生的需求，并以真实的情况反映就业状况。高校的目标应该是帮助学生找到符合他们兴趣和能力的工作，而不仅仅是提高就业率。这样，既能满足学生的需求，也能真实地反映出学校的就业情况。"骑马找马"作为一个权宜之计具有一定的积极意义。毕竟，大学生走出校门，最好先找份工作，养活自己，在这个世界上自立地生活下来，然后再做打算。我们应趁这一机会积累工作经验，弥补个人经历不足，将现在的工作视为今后职业生涯的跳板。当然我们不应该频繁跳槽，有的人工作才几年，可跳槽已经很多次了，他们今天干技术、明天干销售、后天去创业，到后来又想回来做技术，最后也不知道自己究竟想干什么，适合干什么，导致多年工作经历与经验既没有连续性，也没有累积和递增效果。

(二)清晰定位,慎重抉择

对于一个企业而言,需要的是对自己有清晰定位的人才,"骑马找马",先就业再择业造成的员工流动,已成为企业最不确定的风险。

有的企业常常是一年换几波人马,造成了大量的损失。我们发现,有些临近毕业的大学生十分浮躁,课没心思上,论文没心思写,实习没心思去,惶惶不可终日。浮躁的心往往让他们无法明确地了解自己,容易造成眼高手低的局面。有的大学生都毕业好多年了,在职场上还没清晰定位,频繁跳槽,越干越心虚,越干越没劲,没有核心竞争力,更没有练就一个能够"长期吃饭"的"手艺";有的人找工作时缺乏目标和规划,跟着感觉走,等进入到某个领域才发现空间有限或前景不乐观,抑或工作内容与性质不喜欢,导致自己有抱负实现不了,有能力发挥不出来,在郁闷与纠结中度过大半人生。所以,我们一定要冷静定位,清晰地了解自己。有了对自己清晰的定位,在遇到问题的时候就能保持冷静的头脑,就不会因为外界干扰去轻易改变自己的原始目标。如果个人有了目标,就能排除一切干扰,全力以赴去做一件事情。

二、工作态度重于专业技能

在企业招聘员工时,一个重要的趋势是企业在考察知识、能力之外,更重视考察工作态度、学习能力、文化适应等方面,特别是工作态度。为什么会出现这种情况呢?在现代企业的竞争中,越来越多的企业认识到企业最需要有责任感的人才。其实,不会干不要紧,只要想干,就可以通过学习、钻研努力达到会干;会干,但不想干,工作肯定做不好。企业最希望拥有能够胜任工作的人。胜任所代表的不仅是能力,更重要的是道德、人品、责任感、积极性、进取心等职业素养。大学生在求职中,企业的要求往往是能力重于态度。我们发现,许多招聘的人力资源部门十分重视人的工作责任心和工作态度。美国在线招聘小组负责人运用五项态度与性格标准来筛选新应征的员工。他们重视的"五大性格模式":严谨自律性、开放性、亲和性、外向性、情绪稳定性。

作为大学生,有了好的态度,才会发愤图强,去实现自己设定的一个又一个小目标、大目标。个人的态度不是天生就有的,态度是在长期的生活环境、教育和社会实践中逐渐形成的,是一个从无到有、从简单到复杂、从不稳定到稳定的过程。无论从个人成长的角度还是当今就业形势的要求,我们都应该在学校中培养自己良好的工作态度。态度是一种观念，更是一种行动。如果没有良好的工作态度，一定不会成为人才，即使今天是人才，明天未必是人才。

三、自主创业慢慢兴起

自主创业已是大学毕业生青睐的又一出路，同时也成为在校生的关注热点。创业，是一个很诱人的字眼，其过程则是一个艰苦的探索。在就业形势更加严峻的今天，它已经成为一种新的选择。在大学生面前，另一条成长成才之路正向我们面前延伸。有报道说，华科硕士王永上卖臭豆腐一夜成名。这位华中科技大学经济学硕士，现在烟台已经颇为有名。被当地人誉为"臭豆腐王"。

应该说，当代大学生的创业以及学校开展的创业教育，不仅是一种大学毕业生择业观的改变，更是大学能力教育迈往新层次的体现；不仅要鼓励学生单纯地去创业，更要着重于培养学生的创业精神与创业能力。创业能力的培养，创业精神的塑造，使大学毕业生面对经济全球化不断出现的棘手危机，能够超越传统，更好地去面对人生的各种机遇与挑战，各种成功与失败。

实际上，人生就是一笔巨大的"产业"，每个人都是一座金矿，如何更好地开发它，挖掘出当代大学生的精神潜能，才是创业教育最重要的现实意义。

第四节　大学生就业规定和流程

高校毕业生就业工作是多层次人力资源配置中最初始也是最重要的一个环节。这一环节工作的好坏直接制约着国家和个人各方面事业的发展。随着我国社会主义市场经济体制的逐步建立和劳动人事制度的改革深入，高校毕业生就业制度已经发生了深刻变化。了解我国毕业生就业制度的变革、毕业生就业工作的管理体制及毕业生就业工作的基本程序，对毕业生走上社会、选择理想职业是十分重要的。

一、大学生就业制度与改革

（一）计划经济体制下"统包统分"的就业制度

从中华人民共和国成立初期到 20 世纪 80 年代，高校毕业生就业一直由国家负责，按计划统一分配，即实行"统包统分"的制度。中华人民共和国成立初期，在计划经济模式下，经济建设的任务被当作政治任务来完成，作为经济建设的新生力量——大学毕业生，则被作为"新鲜血液"，由国家统一集中调配，就业于国家最需要发展的工业领域及其他行业，因此，在中华人民共和国成立初期及以后的几十年中，大学毕业生就业基本上是由国家统一分配的，由国家实行有计划的统筹安排。从招生到就业，无不打上计划经济的历史烙印。人们通常把这种计划经济体制下的高校毕业生就业政策称为"统包统分"就业制度。

这种就业制度的特点是由国家分配工作，负责到底，执行的是"统筹安排、集中使用、保证重点、照顾一般"的大政方针。应该说高校毕业生由国家负责按计划分配的制度，是伴随着我国长期实行的计划经济体制而产生和完善的，这种分配制度与我国当时的计划经济体制相适应，体现了社会主义制度的优越性，在一定的历史时期发挥了重要历史作用。

1."统包统分"就业制度的优势

（1）在供需矛盾突出、人才紧缺的情况下，可以保证国家重点建设单位，以及边远地区、艰苦地区人才的输入。

（2）分配方法比较简单，分配速度较快，无论是对学校、毕业生，还是对用人单位都很简便，没有复杂的中间环节，有利于学生在校安心读书，毕业生在最后一年可以安心学习和参加毕业设计。

（3）大学生毕业后及时就业有利于社会安定。

2."统包统分"就业制度的短处

由于"统包统分"的就业制度统得过死、包得过多，随着我国经济体制的逐步确立及劳动人事制度的改革，这种就业制度越来越与新的经济运行机制不相协调、越来越不适应新形势的发展，由此引发的矛盾也凸显出来，主要表现在以下几个方面。

（1）人力资源难以合理配置。高校所设置的专业有上千种之多，而且办学条件不同，同一专业学校之间的差异很大；同时，毕业生的兴趣与志愿及用人单位对毕业生的要求也各不相同。对于如此繁杂的情况，用一些简单的数字计划包揽起来是很难做到科学合理的。就业的决策权集中于政府，毕业生和用人单位作为劳动力供求双方的主体却无权决策。供需双方全凭组织安排，互不见面、互不了解，极大地限制个人能力的发挥，束缚了企业的用人机制，难以做到人才的合理配置。

（2）缺乏竞争机制。计划分配包得过多、统得过死，影响了用人单位、学校和学生三方面积极性的发挥。学生进了大学门，就进了当干部的保险箱，端上了"铁饭碗"，减弱了竞争意识和观念；高校只管培养不问"销路"，自我封闭，墨守成规，缺乏主动适应经济建设和社会发展的动力与活力；用人单位全凭"等、靠、要"，养成了依赖性，失去了主动性，往往会需用脱节、所学无用，造成了人才浪费。

（3）与我国经济体制、政治体制改革不相适应。改革开放后，国内的经济结构发生了重大变化，非国有企业如雨后春笋般应运而生，这些企业急需大学毕业生去就业、创业。而由国家"统包统分"的就业制度难以满足它们的需要。政治体制改革必然涉及劳动人事制度。《中华人民共和国企业法》规定，企业是自负盈亏的生产者和经营者。因此，其在用人方面也应有更大的自主权，可以挑选和聘用自己需要的人才，并拒绝自己不需要的人才。显然，传统的毕业生分配制度与之不相适应。

（二）改革开放后"供需见面"和"双向选择"的就业制度

从20世纪80年代初开始，国家在对高校大学生继续实行计划派遣就业的同时，紧密结合经济体制和教育体制改革的当下环境，对毕业生分配工作进行了一些积极的探索和尝试，相继出台了一些改革措施和办法，如"供需见面""双向选择"等。"供需见面"是指在"统包统分"这个制度还没有被打破的背景下，在具体做法上加以修改的一种就业形式，即学生入学后培养费由国家全部承担，学生毕业后仍由国家负责统一分配，但是在制订分配计划、扩大用人单位选择权、增加分配工作的透明度及学校如何适应社会和经济的发展方面都做了较大改革。在毕业生分配计划的制订方面，由原来100%的指令性计划，改革为按毕业生人数分比例的"切块计划"。在具体落实计划时，基本上采用了由主管部门出面，邀请所属高校（供方）和用人地区或单位（需方）在一起充分协商，提出分专业、分单位的调配方案。这种在一定范围内的"供需见面"方法，对于克服原来"统包统分"的弊端以适应社会和经济发展的需要都起到了很好的作用，受到了学校和用人单位的青睐。但它毕竟是当时新旧制度交替时期的办法，还不是完善的就业制度。

（三）"双向选择"和"自主择业"的就业制度

在实行"供需见面"的同时，从 1985 年开始，国家教育委员会（简称"教委"，1998 年更名为"教育部"）在少数高校试行在国家计划指导下，由学生选报志愿，学校推荐，用人单位考核、择优录用的办法，即所谓"双向选择"的分配办法。后来，许多学校试行这一办法，试图摸索出一条更完善的高校毕业生分配制度改革途径。

以"双向选择"为主要特征的毕业生就业制度只是过渡性的就业制度，随着改革开放的深入和社会主义市场经济体制的建立与完善，建立以"自主择业"为主要特征的毕业生就业制度已经势在必行。以《中国教育改革和发展纲要》为政策依据确定的毕业生就业政策改革目标是：改革高校毕业生"统包统分"和"包当干部"的就业制度，实行少数毕业生由国家安排就业，多数由学生"自主择业"的就业制度，即除少数享受国家奖学金、专项奖学金、单位奖学金的毕业生实行在一定范围内就业外，大部分毕业生实行在国家方针政策指导下通过人才劳务市场采取"自主择业"的就业办法。

在这种就业制度下，大部分毕业生将按照个人的能力、条件到市场上参与竞争，而不再依靠行政手段由国家保证就业；用人单位也只能用工作条件及优惠待遇吸引毕业生，不能等待国家用行政命令的办法给予保障；而高校作为就业工作的中介，主要为毕业生"自主择业"提供服务。

（四）大学生就业制度的改革

为加快教育体制改革的步伐，1994 年 4 月，国家教委发布的《关于进一步改革普通高校招生和毕业生就业制度的试点意见》明确指出，逐步建立起"学生上学自己缴纳部分培养费用，毕业后大多数人自主择业"的制度。这种制度从根本上改变了过去"统包统分"的分配制度，这种制度带来的毕业生的主要就业方式如下。

（1）为保证国家重点建设项目、国防建设、文化教育、基础学科、边远地区和某些艰苦行业所需的专门人才，学校根据国家需要在有关专业设立专项奖学金。新生可在自愿的基础上申请，经批准并签订合同领取奖学金，毕业后按合同就业。

（2）企事业单位和社会团体等用人单位在征得有关部门的同意后，可在学校设立用人单位的专项奖学金，由新生自愿申请，但只能申请一项奖学金，并与单位签订合同后领取，毕业后按合同就业。

（3）既没有领取国家专项奖学金，也没有领取单位专项奖学金的学生，逐步做到毕业后国家不负责安排工作，由其自主选择职业。随着市场经济体制的建立和劳动人事制度的改革，这部分学生所占的比例会越来越大，国家教育行政部门和学校要通过发布方针、政策等信息，加强对他们的就业指导。

（4）国家设立贷学金，领取贷学金的学生，毕业后如果到国家指定的单位或地区就业，国家可以减免其还贷数额；其他学生应在毕业后按期将所贷款项及其利息还清。

（5）学生毕业后，按照国家专项奖学金或单位专项奖学金合同就业的，应有最少业务年限的规定等。

各省人事部门还要拓宽就业渠道，鼓励、引导毕业生到多种所有制经济成分的企业就业。经济欠发达地区要根据情况制定吸收毕业生的优惠政策，学校要采取积极措施，鼓励和引导毕业生到经济欠发达地区工作、建功立业。

从20世纪90年代末至今，特别是高校扩招后，大学生就业开始完全过渡到自主择业和自主创业。

总体而言，我国建立大学毕业生就业市场将要经历一个从不规范到逐步规范，从不成熟到比较成熟的市场发展过程，毕业生就业市场的培育和建立需要时间。为了适应社会主义市场经济发展的需要，我国高校毕业生的就业政策只有随着社会主义市场经济的发展而不断改革，才能积极引导高校毕业生成功就业，使他们在各自岗位上发挥特长，为社会做出应有的贡献。

二、大学生就业工作的管理部门职责

（一）教育部的主要使命

教育部的主要职责是：制订全国毕业生就业工作的法规和政策，部署全国毕业生就业工作；组织研究并指导实施全国毕业生就业制度改革；收集和发布全国毕业生供需信息，组织指导和管理毕业生就业供需见面、双向选择活动；编制全国普通高等学校毕业生就业计划，制订教育部直属高校毕业生就业计划和部委、地方所属高校抽调计划；负责全国毕业生就业计划协调工作、管理全国毕业生调配工作；指导、检查毕业生就业工作。授权各省、自治区、直辖市调配部门派遣本地区高校毕业生权力；组织开展毕业教育、就业指导和人员培训工作；开展毕业生就业工作的科学研究和宣传工作；检查毕业生的就业情况。2021年，教育部组织了全国普通高校毕业生就业创业指导委员会，其总则为：第一条全国普通高校毕业生就业创业指导委员会（以下简称就指委）是由教育部组建，开展高等学校毕业生就业创业工作的全国性、非营利性专家组织，具有非常设机构性质；第二条就指委以习近平新时代中国特色社会主义思想为指导，落实党中央、国务院关于高校毕业生就业创业工作的重要决策部署，坚持就业优先政策，健全高校毕业生就业支持体系，广泛汇聚市场化社会化就业创业资源多渠道拓展就业空间，促进高校毕业生更加充分更高质量就业。

（二）国务院有关部委主管部门的主要使命

国务院有关部委主管部门的主要职责是：根据国家的有关方针、政策和国家教委的统一部署，提出本部门毕业生就业的具体工作意见；及时向教育部报送所属院校毕业生就业计划和本部委需求信息；组织协调所属院校的毕业生供需信息交流活动；制订并组织实施所属院校的毕业生就业计划；组织开展所属院校毕业生教育、就业指导工作；负责本部门毕业生的接收工作，了解和掌握毕业生的就业情况；开展有关毕业生就业工作改革的研究和宣传工作。

（三）省、自治区、直辖市主管部门的主要使命

省、自治区、直辖市主管部门的主要职责是：根据国家的有关方针、政策和教育部的统一部署，提出所在省、自治区、直辖市毕业生就业的具体工作意见；负责本地区毕业生的资源统计工作，并按计划报送教育部；收集本地区毕业生的需求信息并及时报送教育部；制订本地区所属院校毕业生的就业计划并及时报送教育部；组织管理本地区毕业生就业供需见面和双向选择活动；受教育部委托组织实施本地区高校毕业生的资格审查并负责毕业生的调配派遣和接收工作；组织开展毕业生教育、就业指导工作；检查、监督本地区用人单位和高等学校的毕业生就业工作；开展毕业生就业制度改革的研究和宣传工作；完成教育部交办的其他工作。

（四）高等学校的主要使命

高等学校的主要职责是：根据国家的就业方针、政策和规定及学校主管部门的工作意见，制订本学校的工作细则；负责本校毕业生的资格审查工作，及时向主管部门和地方调配部门报送毕业生资源情况；收集需求信息、开展毕业生就业供需见面和双向选择活动，负责推荐毕业生工作；按照主管部门的要求提出毕业生就业建议计划；开展毕业教育和就业指导工作；负责办理毕业生的离校手续；开展与毕业生就业有关的调查研究工作；完成主管部门交办的其他工作。

（五）用人单位的主要使命

用人单位的主要职责是：及时向主管部门报送毕业生需求计划，向有关高等学校提供需求信息；参加供需见面和双向选择活动，如实介绍本单位情况，积极招聘毕业生；按照国家下达的就业计划接收、安排毕业生；负责毕业生见习期间的管理工作；向有关部门和学校反馈毕业生的工作情况。

三、大学生就业的基本流程

（一）就业管理部门的一般工作流程

高校毕业生就业管理机构由三部分组成：教育部主管全国的大学生就业工作；各省、自治区、直辖市和中央有关部委分管本地区、本部门的大学生就业工作；各高校和用人单位负责本校毕业生就业的具体事宜和招聘接收毕业生事宜。具体的工作程序如下。

1. 分析形势，制订政策

教育部根据国民经济发展和国家建设情况，确定年度就业工作意见。制定相应的就业政策。各省、自治区、直辖市和中央有关部委根据文件制订本地区、本部门所属高校毕业生就业工作的具体意见。这项工作一般在大学生毕业前的前半年内基本进行完毕。

2. 资源统计与资格审查

教育部及各地区在每年 10 月份左右向社会上的用人单位提供下一年度毕业生资源情况，包括毕业生所在学校、所学专业、来源地区及毕业生人数等。

3. 就业指导

高校应高度重视毕业生就业指导工作。各高校要建立健全就业指导服务机构，把就业指导与大学生的职业生涯规划和发展有效地结合起来，为毕业生在职业生涯发展中实现人职匹配而开展个性化指导、测评等活动。各高校要在教育思想和理念上、在教学内容的安排上、在实践性教学活动的组织上、在校园文化的建设中、在学生教育管理的过程中，为学生的就业提供有效的服务、指导和帮助。

4. 供需见面与双向选择

各地区、部门和高校每年会采取多种形式召开毕业生"供需见面，双向选择"会或开放毕业生就业市场，进行招聘活动，为毕业生求职择业提供方便。各高校根据招聘录用情况，及生效的就业协议书，制定本校毕业生就业建议方案，并上报主管部门审批。

5. 报到证发放

在每年的 5—6 月份，高校招生就业处将对毕业生的"就业协议书"进行审核，看毕业生与用人单位签订的"就业协议书"是否合法有效、手续是否齐全。高校所在省教育厅（大中专学校信息咨询与就业指导中心）凭学校、毕业生和用人单位即三方签订的"就业协议书"签发"报到证"。外省生源毕业时未落实就业单位的，由高校所在省教育厅签发回生源所在省、自治区、直辖市的就业主管部门。同时，高校所在省教育厅就业主管部门以就业计划的形式函告对方就业主管部门，这部分学生在择业期内落实就业单位后，学生可以获得其所在地区的就业主管部门转签"报到证"。

"报到证"是毕业生到单位报到的凭证，也是毕业生参加工作时间的初始记载和凭证。毕业生到工作单位报到时，领持"报到证"。学校相应部门依据"报到证"为毕业生办理档案投递、组织关系转移和户籍迁移手续，就业单位所在地的公安部门凭"报到证"为毕业生办理落户手续，用人单位凭"报到证"为毕业生办理相关工作手续。"报到证"一式两联，毕业生持蓝色联到用人单位报到，白色联由学校装入毕业生档案。"报到证"中的姓名与毕业生身份证中的姓名一致，单位的名称也必须准确。

6. 派遣、报到接收工作

高校集中派遣毕业生的时间一般在每年的 6 月中下旬，派遣毕业生统一使用"报到证"，公安部门凭"报到证"为毕业生办理户口迁移手续。毕业生持"报到证"和"户口迁移证"到工作单位报到，用人单位凭"报到证"予以办理接收手续和户口关系。毕业生报到后，用人单位应根据工作需要和毕业生所学专业及时安排工作岗位和岗前培训等。

7. 改派与派遣

对改派和毕业离校时未落实工作单位的离校毕业生派遣，教育部规定，每年的 7 月份是全国普通高校毕业生集中办理就业派遣手续的时间，届时未落实单位的毕业生（未就业毕业生）主要有以下几个去向。

（1）对毕业离校时未落实工作单位的高校毕业生，由档案管理机构保管其档案。学校可根据毕业生本人的意愿，将其户口转至入学前户籍所在地或 2 年内继续保留在原就读的高校，待其落实工作单位后，将其户口迁至工作单位所在地。超过 2 年仍未落实工作单位的高校毕业生，学校和档案管理机构将其在校户口及档案迁回其入学前户籍所在地。

（2）外省（市、区）生源毕业生，按照生源所在地省级毕业生就业主管部门（省教育厅或人事厅）的要求派遣。在择业期限（2 年）内跨省落实就业单位的，需由省教育厅毕业生就业主管部门办理改派手续。

（3）本省各市生源毕业生，原则上派回各市二次就业，由各市人事或教育主管部门推荐就业。毕业生在择业期限（2 年）内可以跨省、跨市继续择业，落实就业单位后由省、市毕业生就业主管部门办理调整改派手续。

（4）如果毕业后回到生源地半年仍未找到工作，可持毕业生就业主管部门相关证明到户籍所在市或县的劳动保障部门办理失业登记。公共职业介绍机构和街道劳动保障机构，作为劳动保障部门的下属机构，应该无偿为求职人员提供就业服务。对于有条件地区的人而言，他们可以参加临时性社会工作或社会公益活动，还有可能被组织到用人单位进行实习，而这些用人单位应当给予他们一定的薪酬。如果因为生病或其他原因无法工作，并且没有其他收入来源，在学校发给证明的情况下，当地民政部门可以按照城镇低保政策标准，提供临时救助。

（二）毕业生的择业流程

对于即将毕业的大学生来说，一个完整的择业流程至少包括收集信息、自我分析、确立目标、准备自荐材料、参加招聘会、参加笔试、参加面试、签订协议、报到上班等环节。走好择业的每一步，对成功实现自己的职业理想都十分重要。

1. 收集信息

收集信息是择业活动的第一步。大学生在择业过程中需要收集的信息主要有以下五大类。

（1）当前毕业生就业市场的供需形势。其通常包括社会经济发展形势，社会各行业、各类企事业单位的经营状况和对毕业生的需求等。尤其要重点了解本校、本专业的社会需求情况，以及用人单位对毕业生的基本要求等。

（2）政策和法规信息。例如，国家及学校有关毕业生就业的政策及规定，《中华人民共和国劳动法》《中华人民共和国劳动合同法》《中华人民共和国反不正当竞争法》《中华人民共和国公务员法》等。毕业生通过了解相关的政策法规，增强自己的就业保障意识。

（3）就业安排活动信息。例如，什么时候召开企业说明会、什么时候举办招聘会或供需洽谈会等。毕业生要根据自己的需要选择参与，并为参与就业活动做好充足准备。

（4）成功择业的经验、教训的信息。"择业过来人"的择业经验、教训，就业指导教师的体会和建议等，都会为毕业生的成功择业助一臂之力。

（5）具体用人单位的信息。例如，哪些用人单位需要自己所学专业的人才，需求数量是多少，用人单位的经营状况、文化背景、发展前景、工作条件、福利待遇、对人才的重视程度及对毕业生的具体安排和使用意图等。

2. 自我分析

我们要对收集到的信息进行理性地分析，分析时要符合自我的实际，保证分析结果不会与自身有过大的误差。

（1）首先我们可以对自身的综合素质进行测评，其中包括自己的兴趣爱好、特长以及专业能力等。

（2）分析我们的心理状况，比如我们的气质、性格等内容。气质和性格可以影响工作的处理态度,我们要合理分析自身气质和性格,抓住气质和性格对工作内容的优势,尽量避免性格和气质为工作带来的负面影响。

(3) 优缺点分析。

(4) 分析自身对工作的需求,比如分析自身的兴趣爱好可否与工作结合或者想在哪方面发展,寻找什么样的工作。同时对自身寻找工作的标准进行一定分析。

3. 树立择业目标

自我分析的目的是确定自己的择业目标。从大的范围来说,大学生首先需要确定的择业目标包括以下三个方面。

(1) 择业的地域。首先要确定是在沿海城市就业,还是在内地就业;是留在本地,还是去外地就业。此时,既要考虑相关的政策规定,还要考虑自己的生活习惯及今后的发展等因素。

(2) 择业的行业范围。必须确定是在本专业内就业,还是跨出本专业到其他行业就业;是从事本专业范围内的技术工作、管理工作、社会工作,还是从事教学工作、科研工作等。此时应多分析自己的综合素质、能力、兴趣及特长等。

(3) 择业的单位。必须确定是去大企业,还是去小公司或考公务员;是选择国有企业,还是选择三资企业或民营企业。在这些单位中,有哪些单位前来招聘,自己是否符合招聘条件,自己最希望到哪一家企业工作。愿意从事教育工作的大学生要确定是选择高校,还是选择中等职业学校或其他学校。

在择业过程中,毕业生会遇到许多不可预测的变化。但是,如果毕业生事前给自己的择业确定了一个比较明确的目标,就可以使整个择业活动有的放矢、有条不紊;不然,就会出现乱打乱撞的盲目被动局面。

4. 准备自荐材料

在确定了择业目标之后,毕业生即可准备自荐材料。自荐材料包括:学校推荐表、导师、推荐信、个人简历、自荐信及有关的证明材料。这几种材料的侧重点各不相同:学校推荐表和导师推荐信体现学校和导师对自己的认可,个人简历主要说明自己过去的经历,自荐信主要表明自己的态度,证明材料强调自己所取得的成绩。缺少其中任何一个方面,自荐材料都不完整。

自荐材料是反映毕业生个人总体情况和综合素质的主要材料,是毕业生与用人单位进行信息交流的载体，也是用人单位考察大学生的一扇"窗户"和决定是否面试的重要依据。

因此，自荐材料被称为大学生求职择业赢得面试的"敲门砖"。

5. 校园招聘会

在大学毕业生择业过程中，招聘会或就业市场扮演着连接用人单位和大学毕业生的桥梁，使双方得以面对面交流和沟通。

招聘会或者就业市场上，用人单位和大学生之间进行简单的沟通。用人单位会介绍自己的发展情况，并收集大量毕业生的求职材料。有些单位可能会向应聘学生提供登记表。毕业生在了解用人单位的情况后，将自己的简历和登记表提交给招聘单位。在招聘会或就业市场上，许多大学生只是完成了将自己的材料提交的任务，而并未发挥更多作用。当然，也有一些毕业生与用人单位在初次见面就互相欣赏，立刻签订协议。为了更有效地寻找工作，毕业生可以有计划地参加几场针对自己专业领域的招聘会或就业市场，无需匆匆忙忙地奔波于多个场所，这样不仅会浪费时间和精力，同时也不会获得理想的效果。此外，毕业生可以通过邮寄等方式向用人单位发送个人推荐材料，用人单位可据此材料进行评估，决定是否通知毕业生参加面试或笔试。

6. 笔试

许多企业在招聘过程中使用笔试方式，来评估应聘者的知识、技能和综合素养。笔试的主要目的在于检验毕业生是否能够运用所学知识和掌握的技能有效地解决实际问题。笔试不仅能够检验毕业生的知识和能力，还评估他们在其他方面的素质，比如书写规范、卷面整洁和答题精准等。因此，每位毕业生都应该高度重视、用心应对笔试。

7. 面试

面试是用人单位评估毕业生综合素质的重要方式之一。通过面试，用人单位可以直接与毕业生交流，了解他们的口头表达、思考能力、举止、态度以及对某些问题的看法和综合素质，这些都是无法在笔试中反映出来的重要因素。因此，在面试前，毕业生需要做充分准备，并着重注意自己的形象打扮。

8. 签订协议

用人单位会根据自荐材料、供需见面、笔试和面试等招聘活动，筛选出合适的毕业生，然后发放录用通知书给被选中的毕业生。当毕业生接到录用通知书后，如果其愿意加入该单位，则双方会签署一份就业协议书。一经签署就业协议书即生效。不能随便进行修改。在合同一方提出毁约时，需要征得另外两方同意并支付违约金。

9.报到上班

毕业生完成各项离校准备工作，包括与用人单位签署协议并获得学校和政府教育主管部门的审核通过。到此为止，毕业生所需进行的求职和选择就已经全部完成。毕业生只需要领取自己的"报到证"并且完成离校手续后，在规定的期限和指定的地点前往所选用人单位报到并开始工作即可。

（三）用人单位的招聘流程

1.明确需求与招聘计划

用人单位因员工离职、工作量增加等原因出现空缺岗位需增补人员的情况时，应及时向本单位人力资源部反映并申请增补人员。人力资源部在接到申请后，应核查各部门人员配置情况，检查公司现有人力储备情况，根据情况决定是否通过内部调动解决人员需求。若内部调动不能满足岗位空缺需求，则人力资源部应将公司总的人员补充计划上报总经理，总经理批准后，由人力资源部进行外部招聘。同时，用人单位应向有关部门申报毕业生需求计划，未申报视为该单位下一年度无用人需求。用人单位提前申报的年度需求计划不足的，可在年度内申报"平时需求计划"。

根据需求，用人单位人力资源部确定招聘计划，招聘计划要依据"岗位说明书"确定各招聘岗位的基本资格条件和工作要求，若公司现有的岗位描述不能满足工作需要，则要依据工作需要确定、更新、补充新岗位的"岗位说明书"。

2.选择招聘渠道

用人单位根据招聘岗位的资格条件、工作要求和招聘数量，结合人才市场情况，确定选择什么样的招聘渠道。大规模招聘多岗位时可通过招聘广告、学校和大型的人才交流会招聘，招聘数量不多且岗位要求不高时可通过内部发布招聘信息或一般的人才交流会招聘。同时，用人单位也可以通过网络进行招聘，在企业官方网站或者一些有名的招聘网站上发布岗位招聘信息。招聘高级人才时可通过猎头公司推荐招聘。人力资源部根据招聘需求，应准备以下相关材料。

（1）招聘广告。招聘广告包括用人单位的基本情况、招聘岗位、应聘人员的基本条件、应聘方式、时间、地点、应聘时需携带的证件、材料及其他注意事项。

（2）用人单位的宣传资料。如公司简介、岗位要求等。

（3）应聘人员登记表以及面试评价表。

3. 收集应聘资料，进行初试人员筛选

通常在进行初试时，用人单位招聘人员会严格按招聘标准和要求把好第一关，严格筛选应聘人员的资料，一般从文化程度、性别、年龄、工作经验、容貌气质、户口等方面进行综合比较。

符合基本条件者可参加复试（面试），对于不符合者，招聘人员登记好其基本资料后直接淘汰。某些外资企业进行面试时，还要做一些心理测试，通过相关的测试，进一步检验面试者是否符合所应聘岗位的要求。

4. 面试

通常来讲，一般人员由人力资源部经理进行面试，财务人员、企划人员等各类专业人员由相应的部门经理进行面试。应聘部门经理者通过初步面试后，需要进行复试。

5. 签订协议

用人单位通过自荐材料和供需见面、笔试、面试等招聘活动，选拔出自己满意的毕业生后，便向被录用的毕业生发放录用通知书。毕业生在接到录用通知书后，如果愿意到该单位工作，则双方签订就业协议书。

6. 接收毕业生

用人单位向相关单位申报拟接收毕业生的个人信息。毕业生个人信息中的身份证号、入学前生源地（一般指高中户籍、学籍所在地）。毕业中学在"毕业生就业推荐表"中一般没有体现，用人单位在申报之前应向毕业生了解、确认。此外，市、区属事业单位编制内的岗位接收毕业生的，需先到编制部门办理用编手续，并开具用编通知书。

第四章　大学生就业准备指导

"大学生就业准备状态制约其就业竞争力和就业质量,对其职业生涯产生深远的影响。"[1]本章对大学生就业准备指导进行了论述,从四方面进行介绍,分别是大学生就业思想准备指导、大学生就业心理准备指导、大学生就业信息准备指导和大学生就业求职资料准备指导。

第一节　大学生就业思想准备指导

一、大学生就业思想误区

目前,一些大学生在择业时,会出现思想上的误区。

第一,缺乏分清主次的能力。有些毕业生的就业选择更加注重地理位置,而不是以事业发展为主要目标。第二,目标定位不精准。许多人对工作的期望值过高,他们只考虑符合自己设定条件的单位,而不愿意考虑其他单位,甚至宁愿暂时失业。第三,则是强调物质的优先地位。只注重眼前的利益,把金钱作为主要评估标准来选择职业,而忽略了职业发展的前景。一部分毕业生只想通过人际关系获取工作和生活上的好处,不注意自我成长和能力提升,只图安逸舒适。有些人缺乏自我认知能力,无法确定自己适合的职业类型和擅长领域,难以进行有效的自我评估。有些人自视甚高,认为自己无所不能、无所畏惧,却未能意识到,某些职业需要具备一定的知识和技能方能胜任。一些毕业生出现了不履约的情况,需要加强对诚信意识的培养。这样的情况还影响了个人的学校和就业单位,并为其带来了负面影响。

---

[1] 李群.大学生就业准备中的误区及改进策略[J].经贸实践,2018(11):314-315.

二、大学生就业思想准备指引

对于大学生来说就业意味着独立,是自我锻炼的好时机,就业意味着走向社会,离开家庭与教师的庇护。因此必须在以下几个方面做好思想上的准备。

(一)应有积极主动的求职意识

许多大学生在选择学校或专业时因受到各种因素的干扰,没有将自己的情况与未来职业发展有机地结合起来。有些同学为了追求最高录取概率,选择了他们并不了解或不喜欢的专业;有些同学会受到当前社会热点的影响,跟随潮流选择所谓的热门专业。一些学生在选择专业时,受到家长、中学老师以及亲朋好友的建议影响,根据他们的标准来做出决定。一些学生被调剂录取是因为他们的分数较低或者志愿选择不够理想。因此,总体来看,大学生可能缺乏对所选专业以及未来职业适应性的全面认知。当接近毕业或需要做职业选择时,大学生们经常感到无所适从,面对就业制度的改变和激烈的人才市场竞争变得更加不知所措。一旦确定专业选择,大学生应该努力了解自己所学专业的学习目标和应用方向,树立专业意识并自觉结合个人发展与社会需求,积极跟进社会发展变化,主动提高综合素质和竞争力,从被动转为主动。在毕业前要注意搜集有关本专业的用人信息,树立自我推销的求职觉悟,凭借自身实力走进职场。

(二)应正确认识自己,自觉适应社会

毕业生在择业过程中,普遍存在着期望值过高的现象。在这种情况下,正确认识自我、端正择业态度,全面了解社会,明确择业方向,处理好专业与需求,实际与志趣,眼前利益与长远利益的关系,说不定会"退一步海阔天空",所以当代大学生可以考虑自身有何种优势,自身的素质可以达到哪些工作的要求。确定哪些工作和职业最适合自己。接着,构建桥梁将自己的素质和能力与现实可选的职业或工作相结合,然后再做出选择。尽量避免理想主义,及时调整就业期望值,不刻意追求最满意的结果。

(三)心存高远志向,要从小事做起

若想实现宏伟的计划,首先需要从微不足道的细节开始做起。进入社会后,需要适时放下自己高傲的心,保持谦逊融入的理念,以入学时的初学者心态迎接

新的挑战。如果一个人只想着要做大事，而对小事不屑一顾，不但小事做不好，而且大事也难以顺利完成。要在工作岗位上认真地进行学习，勤勉工作，实事求是，脚踏实地，言而有信，这是完成伟大事业的必备能力。我们应该致力于实现自己远大的理想，通过不懈努力，立足于普通的工作岗位。我们需要以严谨的态度去完成每一个看似平凡无奇的工作，深入寻找工作中的终极目标，并通过不懈努力，创造出令人瞩目的成果。

（四）更新就业观念，树立新型就业观

1. 在观念上树立竞争意识

国家对于就业制度的改革，目的在于调动社会的积极主动性，激发市场的优势，实现人才的合理配置。在就业活动中，大批毕业生集中在短时间内就业，使市场竞争压力加大。所以，当我们面对这些问题时，抱怨并不能帮助我们解决问题，更无法让我们取得进步。过度地抱怨可能会导致我们的人生态度变得消极。择业竞争机制的引入，对于毕业生来说，是一种新的考验，每位毕业生都应当保持这种竞争意识以保证自身在市场中的生存。

对于大学生来说，可以从下面四个方面树立自身的竞争意识：

（1）大学生要正确应对竞争，每年都有数百万的大学毕业生需要在几个月之内找到工作，这使得就业市场在短期内形势非常严峻。同一份工作通常会吸引众多求职者的关注，因此在争取该岗位时就必须进行竞争。如果缺乏积极进取的思想准备，以及主动参与竞争的行动，就很难成功地找到理想的工作机会。

（2）实力是竞争中的决定因素。要在就业市场中获得成功，必须拥有强大的竞争力。综合素质是竞争实力的重要表现，它由多方面因素组成，包括但不限于思想道德品质、学识背景、心理素质、专长技能和求职技巧等。竞争力是在公正公平的竞争原则下实现职业理想的一种"资源"。所以，大学毕业生一定要在就业前增强自己的竞争实力，练好"内功"。

（3）竞争要有原则。就业市场中竞争是不可避免的，因为存在各种客观因素。虽然竞争激烈，但我们必须坚守社会道德规范，不采取不当手段。要将竞争保持公正公开公平，抵制任何形式的欺诈、诋毁、虚假、欺骗行为。当面对就业竞争时，我们应当保持自己的人格尊严，并以诚实守信为准则。我们需要依靠自己的实力，同时巧妙地运用竞争技巧，从而赢得用人单位的认可和信赖。

（4）我们一定要认清竞争的本质，保持良好的心态，切勿因为竞争产生过多消极心理。无论何种竞争都会有成功的喜悦和失败的痛苦。因此大学生若想在职业生涯中积极地与他人竞争，就必须保持良好的心态，正确看待竞争的成败得失，若成功了不要沾沾自喜，若失败了也不要垂头丧气，只有树立正确的竞争意识，增强心理承受力，勇于面对失败，才能使自身更好地发展。当择业过程中遇到失败时，应积极设法寻求新的机遇，努力争取下一次就业竞争的成功，做到"胜不骄，败不馁"，一步一步地实现自己的职业理想。

2. 自主的就业观

就业是大学生自己的事，大学生要自己动手，自己求职择业。要把自主择业的观念渗透到求职择业的各个阶段。

第一个阶段，获取信息阶段。大学毕业生获取就业信息的渠道有很多，如政府信息发布会、因特网、报纸和学校就业指导中心等，还可以通过亲戚、朋友、同学或学长等来获取。大学毕业生要主动出击，收集信息。

第二个阶段，信息遴选阶段。对获取的用人信息进行去粗取精，去伪存真，遴选出两三个可靠的、理想的、适合自己的岗位，并对其进行深入细致的考察了解。这样，有利于加强就业的针对性，使准备更加充分，如果把获取信息阶段说成是"漫天撒网"，那么信息遴选阶段就是"重点捕捞"。

第三个阶段，求职阶段。这时应主动与用人单位接触，包括写求职报告，准备自荐材料，并开始自荐或请人推荐。在这个阶段，毕业生需要注意，态度要积极，不要放过任何一个展示自己的机会。

3. 动态的就业观

就业是一个不断变化的过程。即使找到了工作，也可能会面临失业的情况，并需要重新找工作。因此，很难保证一个人能够在同一个公司工作一辈子。随着科技不断进步，产业调整加快，知识更新和产业升级趋势也加速了。这导致了传统产业被新兴产业所代替，就业岗位不断变化，工作者的轮换频率也加快了。实际上，合理地转换工作，找到最适合的职位来充分展示个人才华，对雇主和个人都是有益的。因此，毕业生必须拥抱就业市场的变化，积极争取就业机会，运用所学与技能，实现个人的人生目标。

4. 自主的创业观

实际上，创业也被视为一种就业形式。随着经济对外开放的加速和产业结构的优化调整，现在有更多年轻人可以掌握自主创业的机遇。那些具备真正的才华和实际能力的人才可以进行创业并经营自己的企业。因此，年轻的学子应该怀揣着创业的野心，踏上创业的征途，创造出属于自己的业绩，并树立起自主创业的理念。通过自主创业，解决自身就业问题。

（五）要正视成功和失败，勇敢地面对挫折

选择职业是一种既主观又客观的交互过程，也是一种淘汰和选拔过程。在进行双向选择时，可能会获得成功，也可能会经历失败。即使成功时我们感到欣喜，但遇到失败时也不应该心情沮丧。一个人选择职业时，所表现出来的是多层次的价值观。追寻理想的职业，本质上是要找到实现个人理想和社会需求的最优方式。通常很少有完美的结合点。在选择职业时，如果遇到困难就感到沮丧、忧虑和失望，这会令自身感到难堪，甚至陷入非常沮丧、绝望的困境，最终导致一蹶不振，再也无法取得成功。双向选择的本质意义在于它作为一种激励机制，既能激励成功者，又能激励失败者。双向选择不是一种淘汰和鄙视失败者的做法，反而能够鞭策失败者振作起来，摆脱"等待、依靠和索求"的就业观念，激励他们更加积极地自力更生，成为新的拓荒者。选择职业的过程中，面临挑战和失败是不可避免。虽然这些困难可能令人失望，但它们也是我们成长和变得更加坚强的机会。因此，我们应该视挫折为一种激励，一条通往成功的必经之路，并利用这些经历来提升自己的意志力和能力水平。

第二节 大学生就业心理准备指导

从学校人到社会人的转变，不是一个简单的过程，其中会有很多痛苦和挫折，特别是在择业期间，由于就业形势的严峻及竞争的激烈，大学生的心理往往复杂而多变，所以，培养良好的心理素质，及时整理好自身心态，以应对择业问题，并注意始终保持奋进的心态，是大学生成功走向社会的关键一步。

一、大学生就业常遇的心理问题

（一）自负心理

有的毕业生还没有从精英意识里清醒过来，以为自己高人一等、身价不凡，应该会得到社会的优待，这会让人感觉浮躁、不踏实。有的毕业生面对学校、社会提供的众多需求信息仍不满足，挑三拣四，自认为"英雄无用武之地"。有的毕业生择业多变，"这山望着那山高，这花望着那花俏"，朝秦暮楚，反复无常。部分大学毕业生在应对面试单位的时候过于强调自身对于利益的追求，大学生口中的"工资""奖金""补贴"等词汇过于频繁地出现在面试当中，致使面试单位对其印象不佳，进而导致面试失败。这一结果的出现，主要是因为大学毕业生过于高看自己，过分挑剔，往往难以及时找到满意的单位。

（二）虚荣心理

部分大学生在毕业之后选择工作单位的时候，并不以自身的实际情况为参考，不管工作是否对口，不管自己是否喜欢，只是一味地寻求工资更高、工作更体面的大城市工作，这也就直接导致了他们择业的失败。也有一些毕业生看到别人进了大公司、大企业，自己也必须进入与之相比不弱的工作单位，以防自己丢面子。这些大学毕业生并不会仔细研究用人单位的需求，也不认真分析自己的水平，很难定下心来决定到哪一家公司工作，最终也只能高不成低不就。

（三）依赖心理

有一部分大学毕业生在面临择业的时候，尚未对自己有一个明确的认知，也就导致其瞻前顾后、犹豫不决，很难做出明确的决断。他们抱着"车到山前必有路"的想法，在职业选择上，寄希望于父母、学校、老师和社会关系，自身缺乏主动性和积极性。

（四）自卑心理

由于对自我的认识和评价出现偏差，一些人总是处于自我怀疑和自我贬低的心态当中。具有这种心理的毕业生在职业选择中缺乏自信心，总是妄自菲薄，为人做事也比较怯懦。在面临择业的时候，就算有自己心仪的面试单位，自身也常常因为自卑的心理不敢争取，进而错失良机，就算进入面试阶段，也常常畏畏缩缩、畏首畏尾，说话吞吞吐吐，很难充分地展示自己的特长与优点，最终给面试官带来不堪重用的印象。这种心理直接导致这一类大学生在择业当中，相比于其他面试者，竞争力较弱，就算自身有着出色的能力，也常常因为这一心理而不得重用。

（五）焦虑心理

对于处于压力下的人们来说，焦虑广泛地存在于人们心里。适度焦虑可以防止惰性，增强进取精神。对毕业生来说，可以迫使自己积极行动起来，主动出击，寻找就业机会。但是如果过度焦躁不安，忧心忡忡，沮丧消沉，长期不能化解，那么就会成为心理障碍，不利于主动性的发挥，给就业带来困难。在面对中意的岗位时，会因为过分小心谨慎而发挥失常，无法成功应对。在面对别人择业成功或个人遇到挫折时，焦虑心理就会进一步加剧。

（六）嫉妒心理

在择业过程中，有一些有着极强嫉妒心理的人，不仅会极度担心其他择业者超越自己，还会以其他择业者的失败为自己的心理安慰。所以说，对于这部分学生来说，在择业的过程当中，面对比自己优秀的人需要将自己的嫉妒心理转化为积极的上进心理，通过不懈的努力，缩小差距。

（七）怯懦心理

面对择业这样一件人生大事，多数学生都承认会有些紧张，这也是很正常的。但是如果过于紧张、害怕，就会导致心神不宁、面红耳赤、手足无措、谈吐失常，甚至语无伦次、答非所问。这不仅影响自己水平的发挥，甚至"到手的鸭子也会飞了"。怯懦是成功的大敌。这种现象与心理负担过重、患得患失有关，也与应变能力差、自我克制力不强有关，因此需要在平时多参加社会活动，积累临场经验，丰富实践经验。

（八）急躁心理

面对激烈的就业竞争，为了早日确定就业去向，落实就业单位，有的毕业生常常担心落到最后没人要，便急于求成，"病急乱投医"。他们匆匆忙忙地和一些并不了解的单位签约,等到发现自己不适合或遇到更好的工作时,就开始后悔,要求毁约。这不仅会浪费宝贵的就业机会,给别人带来损失,也会让自己在别人眼里失去诚信。

二、大学生就业心理调整作用和方法

(一)心理调整的重要作用

人类的心理活动总是呈现出一种螺旋式的发展过程,从不平衡状态逐渐转化为平衡状态,并最终导致新的不平衡状态再次出现。在这种不断变化和反复的动态循环之中,一个人不会永远保持着积极乐观、积极进取的状态。为了实现自己的目标,每个人都需要具备自我调节和控制的能力,以改善内心状态,探索最合适的方向。

在求职择业的过程中,毕业生难免会遭遇各种艰难险阻,有许多毕业生由于不能正确对待这些挫折和冲突,而产生了各种各样的心理问题,如自卑、焦虑等,这些问题不仅会对职业选择产生负面影响,还会对身体健康造成不利影响。因此,做好大学生就业工作,必须重视对毕业生进行必要的心理调适。心理调适的价值在于协助毕业生在面对挫折和冲突时,以客观的态度审视自我和现实,从而有效地解决心理问题,不致因情绪波动而灰心丧气、一蹶不振,从而保持稳定、健康、积极的心态,自信、乐观地面对求职和就业。

人生是一个不断演进的过程,同时也是一个人在不同环境中不断适应进化的过程,人只有通过适应环境才能获得生存和发展的机会。在人生的某些阶段,随着环境条件的改变,社会对个人的期望不断提高,导致个人在适应过程中面临着极大的挑战。这时,如果一个人能够自发地改变自己或改变周围的环境,以实现个人与环境的协调,那么这个人就能够成功地渡过难关,进入下一个全新的人生时期;反之,则不能克服前进中遇到的重重障碍而陷入困境之中。因此,要想提高人的适应能力,必须学会如何适应环境,并善于自我调整。随着时间的延长,个体在适应环境方面所面临的挑战也随之增加,这不仅会对其当前状态产生影响,还会对其未来的人生产生深远的影响。

在求职择业的过程中,毕业生应当深刻认识到心理调适的作用,并自觉提升自我调适的水平，以保持一种积极向上的心态，从而更好地实现择业、就业，并进一步促进自身的身心健康发展。

（二）心理调整的方法

自我心理调适是一种通过对自身发展环境的需求分析进行控制和调节，以推动个体的心理和行为得到积极改变的手段。它是人在与外界交往的过程中所产生的一种适应变化、适应环境的心理反映，也是人们为保持心理健康而采取的自我保护措施之一。心理学家通过对自我心理调适方法的理论探讨和实践检验，开创了多种行之有效的方法。这些方法可以帮助人们有效地调整自己的心态和行为以适应社会生活，达到保持身心健康的目的。在职业选择和就业的过程中，可以根据个人的状态和需求有针对性地运用和调整。

1. 自我转化

当情绪波动难以被驾驭的时候，可以采用迂回的方式，将自身的情感和精力转向其他活动。在这种情况下，就会产生愉快的心境和积极的情绪。就比如，通过阅读喜爱的书籍、积极参与感兴趣的活动、利用假日郊游、接受大自然的熏陶等多种方式，使自身摆脱负面情绪。

2. 自我宣泄

因为不良情绪在心底，隐藏得越久，受到的伤害就越大，所以在面对挫折导致人们焦虑紧张的时候，排除不良情绪最容易的办法莫过于"宣泄"。例如可对朋友和老师诉说自己的心里话，又可参加比赛或登山等运动量较大的运动放松身心。但必须讲究场合、身份和氛围，必须有节制，确保宣泄在一定范围内，以免造成较大破坏。

3. 自我反省

冷静与理智是表示一个人成熟的重要标志之一。面对困难与挫折应沉着应对，时刻保持良好的心态，千万不要急躁。确保自身不会自乱阵脚，被开除后认真分析究竟是因为自身还是用人单位原因？是自身的努力不够还是用人单位的要求过于严格？冷静思考有助于舒缓情绪、查明原因、有的放矢。

4. 自我安慰

自我安慰又是一种自我辩解、自我忍耐。在择业过程中遇到难以解决问题的时候，可以为自己找到一个能令自己接受的原因，劝说自己恰当地退让，接受现实，从而获得解脱。

5. 放松训练

放松训练就是通过训练来学习从心理及躯体两方面进行放松，它能帮助人缓解或消除焦虑、恐惧、紧张等种种不良身心反应，效果很好。如择业时出现不良心理反应时，可以由相关心理工作人员引导，努力开展放松训练。

6. 理性情绪

人们的不良情绪，常常源于人们非理性观念。为了排除这些不良情绪就必须想方设法把人们非理性观念变成理性观念。有些同学在择业时一旦遇到挫折就一蹶不振，甚至怨天尤人，究其原因，就是认不清自己，且对现实也认识不清，对未来问题估计不足，才导致或加剧了不良反应。如果消除这些不正确的想法，情绪问题就能够得到克服。毕业生应深入了解自己产生了什么样的消极情绪，从消极情绪中进行剖析与归纳，最终总结出对应的非理性观念并进行矫正，促使其转变为理性观念，这有利于不良情绪的消除。

总而言之，自我调适也有很多种方式，比如自我重塑法、环境调节法、自我暗示法等。这些对于消解学生的不良心理来说极为有效，但更重要的是要树立远大理想和正确人生观、价值观，在日常生活中需要注重养成优良的素质，磨炼坚强意志，深入社会当中，感受人生，形成乐观开朗的生活态度。唯有如此，我们才会在择业这一重要时期，时刻保持着积极向上的精神状态，保持着健康心理，也就不会因为暂时的困难退缩。

三、大学生就业的心理准备

伴随着社会的发展，大学毕业生之间的竞争逐渐加剧，文凭仅仅是学历证书，而不是进入机关、企业等单位的通行证，这就给大学生择业带来紧迫感和危机感，因而要选择自己未来的职业道路，拥有一个健康、科学、合理的择业心理极为关键。

（一）健康的择业心理

健康择业心理在就业过程中起着举足轻重的作用。在择业过程中，当我们面对不熟悉的环境、不熟悉的人、不了解的问题时，常常会忐忑与惶恐。此时只有拥有健康择业心理才能正确应对各种问题。

1. 认识且接受现实社会

在毕业生开始求职和选择职业之前，他们需要对国家相关政策进行宏观了解，掌握正在实施的改革举措及现有问题的诸多情况。为了可以更好地掌握其微观层面的信息，就需要更加深入地了解自己所学专业，以及相关的用人单位及岗位要求。要客观地看待问题，不能只是研究、评价、批评、指手画脚，而是接纳和适应社会现实。

2. 职业期望应恰如其分

良好的择业心理要有恰如其分的职业期望，期望水平越高，实现起来越难，失败的可能性就越大。所以确定适合水平的期望水平，是择业心理准备的重要内容。通常有几个因素影响求职择业的期望水平。第一个因素是择业目标的适当性。一个人的择业目标要与本人具备的实力较为接近，进而更好地实现择业目标。第二个影响因素是来自社会的压力以及人们的从众心理。当毕业生面临就业选择时，他们的期望水平会受到其他求职者期望水平的影响。他们因虚荣心和侥幸心理而放弃了原有的自我期望，选择了盲目从众的不切实际行为。第三个因素是择业者妄自菲薄和夜郎自大的情绪。妄自菲薄是典型的自卑情结，这种情绪往往导致期望水平过高或过低。期望水平过高者是想通过求职改变处境；期望水平过低者干脆放弃择业的自主权，退出战场，听天由命。夜郎自大是典型的清高自傲情绪，这种情绪往往会导致期望水平居高不下、屡战屡败，最后精疲力竭，失去了最佳时机，甚至干脆放弃了谋职择业的主动权。

3. 应有良好的心理承受力与忍耐力

求职择业的过程不是一帆风顺的，择业者有时候投师无门，择业无路，很多人的择业过程非常漫长。在这种情况下，择业者要有一定的承受能力和忍耐力，常言道：镇定是力量的源泉，急躁是无能的表现。成功的第一步是临危不乱，遇难不退，用镇定去承受，去赢得时间，用忍耐去争取机会的来临。

（二）面对失败的心理准备

当个人在实现他们的目标时遇到困难或失败，而无法克服时，会出现挫折感，这是一种消极的紧张情绪状态。毕业生初出茅庐，社会知识匮乏，社会经验不足，求职技巧生疏,受挫折是很正常的。认识挫折,要从挫折的种类和战胜挫折两个方面考虑。

1. 挫折的类型

一般来说,大学生选择职业通常会面临若干挫折,下面逐一介绍。

(1)损失性挫折。这描述的是当一个人突然失去一直得到满足的需求时所产生的心理反应。这种情况指的是那些综合素质优秀的学生,在找工作过程中因为各种原因被用人单位拒绝,从而感到沮丧、失落、不满和焦虑的紧张情绪。

(2)障碍性挫折。当外部力量阻止或干扰个人实现其目标时,会导致其产生挫折感。有些同学为了找到理想的工作岗位,经历了无数努力和付出。然而,由于种种限制,比如时间限制、政策限制、经济限制或人事限制,他们不能如愿以偿,这会让他们感到十分焦虑、愤怒,甚至感到无可奈何。

(3)缺乏性挫折。指的是在与他人比较自己时,因为长期未得到外部支持、关爱和帮助,导致其内心积累了许多需求无法得到满足,从而引发的挫败感。如果没有及时获得有关就业的社会信息、政策要求以及相关指导,也有可能导致这种感受的出现。此外,一些需要得到强烈支持和帮助的同学也可能会经历类似的情感体验,主要是因为他们无法得到自己所需要的支持和帮助,也就很容易产生这种心理感受。

(4)缺陷性挫折。这是指基于自己生理上的原因,比如身材和容貌等缺陷或其他生理条件不如其他人,导致自卑和挫败的情感。某些学生在临近毕业时突然罹患大病,导致学业和择业受到了严重的负面影响,这种经历可以被称为"缺陷性的"。

2. 战胜挫折的办法

产生挫折的原因除了客观因素以外,很重要的一个方面是来自求职者自身的主观原因,不仅包括求职的期望水平、需求程度,还需考虑求职者应对挫折的能力。通常可以采取以下几种方法来克服挫折。

在提高求职竞争力的同时,我们也需要合理评估自己已经获得的成就。要把学校、家庭、亲友所给的尊重爱戴和关心当成社会给予的最终认可,从而成为向社会索取回报的条件。另外,我们需要按照政策要求处理相关事务,不能只考虑个人需求而忽略国家需要。否则，我们可能会面临困境和挫折，进而错过找工作的机会。最终需要注意的是，职业选择需要同时战胜过度依赖的思维模式，并积极争取他人的支持和协助。需要积极与老师、家长以及社会紧密合作，以防止缺乏性挫折对其产生负面影响，始终保持稳健的职业选择和发展方向。

（三）面对成功的心理准备

每一次择业，成功与失败两者的概率都是 50%，所以每个择业者要像准备接受挫折一样，随时准备成功。

（1）要有必胜的择业心态。求职者要从容地面对每一次选择，机警、灵活地面对"考官"和试卷，相信自己的判断，相信自己的实力。

（2）要准备接受试用。在双向选择的过程中，用人单位对求职者最严格的选择是实践考验——试用。在试用期间，用人单位往往安排给择业者一种或几种工作来考察择业者各方面的品质和能力。择业者要有充分的心理准备，才能成功地通过最后的一关。

（3）要及时办理必要的手续文件。择业者被用人单位接收后，要履行很多手续，办妥的手续要及时反馈，及时传送到有关部门，避免贻误求职时机。

（4）进入新的角色。找到工作后，要研究所接受职务的特点。借鉴他人从事该职务的成功经验，以便恰如其分地掌握。进入角色不是一时一刻的事，还需要在实践中不断地学习，不断地完善。

第三节　大学生就业信息准备指导

一、大学生就业信息的搜集途径

对于毕业生来说，面临庞大的就业市场和琳琅满目的就业信息，获取真实、可靠、准确无误的职业信息是无比重要的。因而，我们需重视挑选透明可靠、信誉良好、有威望、有保障的平台以获取求职资讯，避免白跑一趟，也避免被欺诈侵害。

（一）就业信息的获取途径

1. 各大学毕业生就业指导中心

在学校设置的就业指导中心主要是为了帮助学生择业，一般有专门的负责人和工作人员。学校年年向社会输送"产品"，与许多毕业生就业主管部门用人单位等保持着广泛而密切的联系，并与一部分用人"大户"建立了比较稳定的工作关系，同时也是用人单位求才首先联系的部门，因而了解和掌握大量的人才需求动态和信息，是毕业生一条重要的求职信息源。毕业生就业指导中心所提供的信息具有高度的针对性，也有着较高的专业对口率，在可信度方面也比较有保障以及一定的权威性，这些都是其独到之处。

2. 各级毕业生就业主管部门就业指导机构

每年，教育部都会起草有关毕业生就业的指导方针和政策，同时各地也会相应制定并实施各自的意见。就业指导机构会在全国范围内加强信息交流和提供咨询服务，以帮助各地的毕业生就业。通常来说，这些就业主管机构会发布一些引导性文件或组织规模较大的就业招聘活动。因而，这里是采集就业信息不可或缺的重要信息来源。通过查阅国家发布的有关决议、决定、规划、规定等法规文件，以获取与就业相关的信息。了解各地发布的相关决策和不同人才流动政策，并掌握这些信息对宏观决策具有重要的指导作用。

3. 亲朋好友和其他社会关系

毕业生的亲朋好友非常了解他们的性格、爱好和能力，同时也深知他们对未来工作单位和职位的期待。因此，在推荐时，他们更能够平衡考虑求职者和职位之间的需求。从亲朋好友那里得到信息，往往比其他渠道更真实、更有效。

除了依赖于亲朋好友的关系网络，毕业生还可以通过其他社会渠道获取就业信息。专业教师熟悉学生情况，又通过科研合作和社会交往与相关单位保持广泛联系，因此这也是不可或缺的信息渠道。例如，校友通常在同类机构或公司就业，因此他们对于自己所在机构的内部情况和该领域的就业市场具有深刻的了解。与他们联系可以获得大量详实且准确的信息。

4. 各地的人才市场与人才交流会

通常情况下，各地都设有固定的人才市场，这些市场为毕业生提供了了解就业形势和薪资行情的机会。然而，这类人才市场所提供的职位通常需要招聘那些具备工作经验或社会经验的人才,因此,其所提供的职位并不一定适用于应届毕业生。

应届毕业生应积极参与由各地政府和人事部门联合主办的双向选择供需见面会。这里,各单位都将向毕业生推荐自己需要的专业、岗位及工作经验,并进行面试,最后择优录用。这类专为应届毕业生而设的供需见面会,涵盖了全国性和地方性等多种类型优点。显而易见的是,这种供需见面会的优点在于,它吸引了大量的用人单位,从而提供了更多的就业机会;另一方面,毕业生可以直接与用人单位洽谈就业事宜,从而获得满意的答复。另外,这些机构多数具备相应的资质,所提供的职位信息真实可靠。因此,企业招聘人才一般首选此种形式,而且也是大多数人选择的途径之一。在参加此类招聘活动时,务必充分准备相关推荐材料,以便与用人单位直接会面,不仅可以直接获取大量就业信息,有时还能当场签署协议,操作简便高效。

5. 传统媒体

传统媒体,如电视、报纸、杂志等,以其快速传播、广泛覆盖和及时更新信息的特点,为获取就业信息提供了一条高效渠道,涵盖了用人单位现状、发展前景和人才需求等多个方面。

在获取这类就业信息时,求职者需要深入了解相关的背景资料,以免在工作中浪费时间和精力,避免被欺诈。同时,用人单位在招聘时,应尽量从网上或其他途径获得更详细、全面的信息,毕业生可以通过在各大媒体平台上发布自己的求职信息,以此反向获取与就业相关的资讯。

6. 现代媒体互联网

随着数字化时代的到来,计算机网络得到广泛应用,网络招聘也逐渐演变成一种普及化的方式。

网络作为一个庞大的信息和服务资源基地,已在各个领域发挥了巨大作用,所以越来越多的用人单位和职业介绍机构也开始选择在网上发布招聘广告或提供人才供求信息。这对于用人单位和求职者来说,是一个双赢的局面,双方多了一个相互了解的渠道。用人单位可以利用网络介绍自己的单位和所需人才的要求,求职者则可以自由地从网络上取得各种职业信息,而且还可以把自己的履历放在网上,以争取更多的就业机会。

大学生搜集求职信息的主要网站一般有以下几类。

（1）专业求职网站。在这些专业性较强的求职网站中还能看到一些专门针对某一行业或企业进行的职位介绍和招聘条件的说明。这类网站提供了上千条招聘信息的查询服务，用户可以根据自己对地域、信息发布时间、行业、薪资等方面的具体需求进行查询。这类网站以专业的人才服务为背景，为求职者提供了在线填写简历的机会，并将所撰写的简历存储于网站的数据库中。对于需要招聘的公司而言，他们可以查询到符合自己需求的求职者信息，同时也可以订阅电子杂志。网站还会及时向求职者发送最新的求职信息。

（2）用人单位网站。现阶段，越来越多的用人单位，特别是企业，开始注重打造自己的主页。除了介绍企业文化和产品，大多数公司还会随时提供招聘信息。如果对某个用人单位有好感，可以经常前往主页查看，或许会获得一些收获。

（3）门户网站的求职频道。这些网站是求职者们了解相关企业信息及招聘要求的重要途径，并且提供了大量职位介绍。在招聘平台上，不仅可以获取与人才政策、就业相关的最新信息，还可以学习到各种就业技巧，并获得相应的就业指导。在网络求职过程中，我们必须时刻警惕那些虚假或过时的垃圾信息，因为它们可能会给我们带来损失，因此我们需要掌握一些必要的技巧和窍门。

当然，互联网所提供的信息资源是极其丰富的，但其中也存在着大量的垃圾和有害信息，在利用这些网络资源时，必须谨慎小心，以免被虚假信息侵害。

7.社会实践活动

毕业实习是社会实践活动中最为普遍的一项。另外，还可利用暑假和寒假到一些地方进行参观、访问、考察等学习。实习场所的匹配度较高，通过参与实习，可以直接获取就业信息。这些渠道所提供的信息具有高度的准确性和迅速性，同时也表现出了显著的有效性。当然，这也需要一定时间。参与社会实践、毕业实习或业余兼职，我们可以深化对社会和职位的感性认知，进一步增强自身和相关单位的联系，促进彼此之间的认识，从而更直接地获取就业信息。实际上，许多毕业生是在某一机构进行毕业实习时，经过一段时间的审查和评估后，就被该机构聘用。

8.直接和用人单位联系

毕业生可以通过书信、电话、广告等多种途径自我介绍，以展示自己的实力。

用人单位则根据求职者提供的资料和自己对工作单位的了解程度决定是否录用他人。在确定录用目标后，采用电话预约和亲自拜访等方式。值得注意的是，虽然广撒网的求职方式主动性强，但存在较大的盲目性。在就业信息通道不畅的情况下，这种主动展示自己的求职方式是获取就业信息的一种可行途径。

9. 生涯人物采访

进行生涯人物访谈是一项职业探索活动，通过与一定数量的职场人士进行交流，以获取关于一个行业、职业和单位内部的信息。这些信息是通过大众传媒和一般出版物得不到的，一个充分准备的生涯人物访谈是学生了解信息、拓展人脉的一种有效方法。

10. 中介单位

中介机构作为一种横向信息收集的途径，以社会劳动力市场为主要渠道，所获取的信息量十分丰富，同时其行业覆盖范围也十分广泛。因此，中介机构可以直接向求职者提供就业岗位和相关信息。在与这些机构打交道时，务必选择那些具有可靠背景、卓越声誉、高效率和专业素养的机构，以确保业务的顺利开展。有些机构纯粹以经济利益为目的，还有一些甚至利用毕业生求职心切和缺乏社会经验的弱点欺骗大学生，导致一些大学生不仅未能找到工作，反而被骗，蒙受损失。因此，大学生必须对中介机构进行认真甄别，谨防上当。大学生应当对以下几种非法的中介机构类型和行为保持高度警觉，以确保自身权益不受侵害。

（1）冠冕堂皇型。虽然中介公司的门面被装饰得十分正派，但其所提供的经营许可证却只有复印件，这些复印件要么是伪造的，要么是已经过期作废的，或者是冒用的。

（2）调虎离山型。当地的中介机构将求职者介绍到外地，特别是治安较差的中小城市，以进行面试，并在到达目的地后再进行欺诈。

（3）双簧型。某单位专门聘请一些中介机构充当推销人员，并以各种名义向求职人员索要介绍费、培训费和其他费用等，他们与一些不道德的工厂或企业暗中勾结，共同策划欺诈行为，损害求职者的利益。一旦收取了介绍费，这些中介便会将求职者引荐至这些工厂或企业进行面试，而工厂或企业则会在面试或"试用"后告知求职者不符合录用要求，并随后与中介分割相关"赃款"。

（4）游击型。一些非法中介到处流窜作案，他们的行踪变幻莫测，甚至连相关部门也难以掌握，而被骗的求职者更是无处申诉。

对于每一位毕业生来说，以上介绍的几种获取就业信息的渠道，不可能只用一种，许多情况下是相互结合、相互补充的。具体使用哪种渠道，由需要获取的信息种类、个人的喜好及个人具体情况而定，不能一概而论。

（二）就业信息的获取方法

就业信息传播的渠道多种多样，纷繁复杂，保证获取信息的科学性和有效性是一项艰巨的任务。随着我国社会经济的不断发展，大学生在就业中面临着越来越多的问题和困难，其中最突出的是对就业信息缺乏全面、准确把握和利用。为了确保毕业生在择业过程中获得最大的效益，大学生需要掌握获取就业信息的方法，并从多个角度获取全面的就业信息。

1. "一网打尽"法

通过"一网打尽"的信息获取方式，我们能够确保所获信息的全面性和准确性。在获取信息的过程中，我们不会首先考虑行业、地域或个人的兴趣爱好，而是尽可能广泛地收集各种信息，并按照合适的标准进行仔细筛选。

2. "行业优先"法

在信息搜集过程中，我们注重行业特征，以倾向选择的行业为重点，围绕这些行业获取对应企业信息、行业现状以及未来发展前景等。

3. "地域优先"法

在获取信息时，应重点关注地域特征，以自身倾向于从事职业的地区为主要收集对象，重点搜集某地方的就业信息。

4. "志趣优先"法

毕业生在获取就业信息时以自己的特长和爱好等主观意志、关注自我感受为重点，不以行业或地域为中心。对于那些渴望在未来从事管理工作或创业经商的毕业生而言，他们在获取就业信息时会更加注重企业管理和市场营销等方面，这是因为他们对于未来的职业发展充满了信心和期待。

5. "需求优先"法

不管收集什么样的信息，有一点必须把握，即确保所搜集的所有信息能够为毕业生的就业与职业选择等提供有效帮助。

二、大学生就业信息的整理

在获取就业信息的过程中，我们需要进行细致的筛选和过滤，结合自身的实际情况，有针对性地进行信息的整理和分析，以剔除那些价值不高的信息，从而更有效地为我们的求职服务。只有这样，才能保证求职过程中所获取的信息量最全，进而达到提高就业成功率的目的。因此，在获取充分的信息后，大学生应该以自身情况为基础，仔细分析这些信息，并有针对性地参与招聘活动，而不是匆忙地寻找工作。

对于大学生而言，他们可以通过一系列手段对自身获得的信息进行深入分析，以获取真正有益于自身、符合职业要求的信息。

（一）信息的真伪分辨

现阶段，有大量关于人才需求的信息可供参考，因此，对于求职者所搜集到的就业信息，首要任务是对其真实性和可靠性进行评估。通常情况下，招聘信息的真实性和可靠性需要经过劳动和人事部门的审核，或者通过高校就业指导中心分享给毕业生发布，或者通过人才市场的电子信息和招聘信息橱窗公开发布，或者在正规的传统媒体上进行发布。然而，我们不能单纯地将上面的信息视为可靠的，在求职之前，若遇到那些至关重要的信息，务必先深入了解，并运用各种可行的方法来验证其真实性，以免遭受欺诈之苦。

大学生应当高度警惕以下几种典型的虚假就业信息或招聘广告，以确保自身安全。

第一，几乎所有沿街张贴的招聘小广告都是虚假的。

第二，招聘条件过于诱人的广告，例如，承诺提供超出求职者预期的高薪职位，其真实目的是让求职者从事不光彩的职业。

第三，信息不全的招聘广告。有些用人单位在发布招聘广告时，提供的信息不完整，只公开了电话号码或信箱号码，而未提供单位地址；有些机构甚至只提供手机号码，未提供单位名称。

第四，陌生招聘电话。某些大学生可能会获得来历不明的机会。比如可能会接到来自陌生且从未与之有过联系的雇主的招聘电话，这种情况下，毕业生需要提高警惕，因为这是非法传销组织常用的手段。有些人采用此种策略，将学生引诱至异地，实施欺诈、勒索，甚至抢劫。

（二）信息的积累和联系

当我们收集到一定数量的求职信息后，需要对其进行深入思考和分析，以获取客观反映当前就业动向和趋势的信息，从而全面了解当前就业状况，并将其作为自己择业决策的重要依据。因此，在搜集求职资料时，应该尽量选择那些比较重要的，具有代表性的信息。当然，我们也应该有明确的目标去收集，以避免收集的范围过于广泛而浪费时间、精力。

（三）信息的比较与筛选

对自己感兴趣的真实信息进行排序，筛选出对自己至关重要的信息并进行深入分析，而普通信息则仅供参考。这种方法可以帮助大学生明确求职的核心目标和具体方向，以便更好地应对未来的挑战。

（四）信息的利用价值评估

在求职之前，大学生应该深入思考引起自己兴趣的招聘信息所传递的内在信息，包括但不限于该信息所包含的信息内容、用人单位所需招聘的人才类型等。在权衡自身条件的基础上，综合考虑与该用人单位和职业的契合度，包括但不限于自身的优势、职位的适宜性，以及如何打动用人单位以获取职位等。只有在充分考虑这些信息并确认该信息给个人带来的实际利用价值后，大学生才能在求职过程中掌握主动权。

在对就业信息进行细致分析的时候，需要特别关注以下几个方面，以充分发挥其潜在的价值。

（1）用人单位的要求与求职者的条件是否相符。真实有效的信息不一定都对求职者有用，如某用人单位要招一名本科以上学历、具有相关工作经验3年以上的财会人才，这个岗位对一个应届毕业的财会专业大专毕业生来说，就显然不合适了。只有自身条件满足招聘的职位和要求，应聘求职的前景才会变得更加光明。

（2）应注意招聘实际人数的多少。有些用人单位在发布的招聘信息中明确表示，只会招募极少数的优秀人才。对于此类情形，求职者应当进行鉴别并采取回避措施。为了提高求职的成功率，求职者可以选择那些招聘人数较多的用人单位，例如，外商投资企业，这些公司更加注重应聘者的综合素质和能力。

（3）考虑选择有利于自己发展的招聘信息。部分黄昏产业，特别是在我国加入世界贸易组织后，一些受到冲击较大的行业的用人单位发布的招聘信息，需要仔细甄别，必须仔细考虑之后才能应聘。另外，随着社会生产力的不断提高和科学技术的进步，许多新兴产业应运而生。一些新兴经济领域的产业正处于蓬勃发展的阶段，具有广阔的前景，对于这些用人单位所发布的招聘信息，我们应该给予特别的关注和重视。为了更好就业，我们需要关注不同地区的经济发展趋势，深入了解该地区的发展规划，以便预测未来所需的人才类型，从而更好地适应就业市场。

三、大学生就业信息的应用

选择和处理就业信息的过程，是将社会的职业与个人的需求进行精准匹配的一项复杂任务。通过对自身所掌握的相关知识及能力的了解，大学生可以找到符合个人需要的信息资源。大学生应善于利用经过深思熟虑筛选出来的有效信息，将其无形的价值转化为实实在在的成功择业回报。因此，大学生应注重掌握正确使用就业信息的技巧。对于大学生而言，在运用就业信息时，需要注意以下几个方面的把握。

（一）注意信息的时效性

通常情况下，就业信息都受到时间的制约，求职初期要抓住时机。在收集就业信息时，大学生应当特别留意信息是否已公布招聘日期，如有，则应在规定的时限内提交申请。一旦洞察到机会所在，应立即采取行动，在恰当的时机果断行动，以便抓住机遇，找到自己真正喜欢的职业。

（二）灵活利用信息

在求职过程中，我们常常会优先考虑职业要求是否契合我们的专业和个人条件，因为"专业对口"往往是用人单位和求职者的需求，这有助于个人更好地发挥专业才能，避免所学专业资源的浪费。同时还能为单位节省大量人力、物力。尽管用人单位对所需人员有一定的要求，但并非所有成功人士都是学习这一职业的，也有很多半路出家从事某项职业的，因为专业与个人的职业潜质并不等同，并非一成不变。面对不同类型就业信息，大学生正确认识自己。在面对就业信息时，大学生应该以冷静、认真的态度审视自身的长处和短处，坚信自己的实力，勇于克服困难，并积极尝试和争取各种机会，这样或许会获得意想不到的成果。

（三）把握胜任与难度原则

初入职场时，大学生常常难以准确定位自己的位置，过于关注就业信息中提供的薪资和职位。面对用人单位"高薪"的诱惑，很多毕业生选择了跳槽，却没有想到去找一份能够实现自己理想的工作。有些毕业生认为，只有在高薪和高职的条件下，才能真正展现自己的价值，因此他们放弃了一些其他条件不错但薪资和职业相对平庸的就业信息。还有的大学生则认为只要能顺利地进入一家好公司就可以获得很高的薪资待遇，因而不愿意到基层去锻炼以提高自身能力。对于大多数人来说，找一份稳定且能给自己带来成就感和归属感的工作是非常重要的。在面对那些超出自身能力范围的工作时，个人可能会感到力不从心，同时也容易因为巨大的压力而产生挫折感；另外，如果在求职过程中能够合理利用好各种信息资源，那么就可以获得较高的薪资待遇，同时还能得到更多的社会尊重。如果选择那些难度较低的职业，随着时间的推移，往往会因为工作的单调乏味而逐渐丧失对工作的热情。因此，我们需要学会客观地分析所搜集的就业信息，以正确的态度对待自己和工作，基于实际情况正确看待未来的发展。

（四）根据信息完善自己

在收集求职信息后，大学生可以按照职业信息中对人才的需求，对比自己当前的学业水平和能力，以发现自身的不足之处，并努力缩小差距、完善自身，以补全自身在知识技能和综合素质方面的缺陷。通过这种方式，使自己尽快找到合适的岗位，从而为以后顺利就业奠定基础。如此一来，不仅提升了个人素养，也顺应了社会的需求，同时对于未来从事的职业也将产生深远的助益。

（五）分享信息资源

在所获得的就业信息中，有些虽无直接效益，却有可能为他人带来实际的帮助。比如，有的大学生知道某单位招聘会计助理的消息后，就去报名应聘，结果由于信息不全，求职失败，造成损失。当遭遇此类情形时，大学生应积极主动地向他人提供这些信息，也许对别人有益，以避免信息资源的无谓浪费。通过这种方式，可以为他人提供帮助，而当被帮助的人获得了对帮助的人有益的信息时，也有可能会得到反馈。基于此，这一举措实际上是在为自己提供有益的帮助。

第四节　大学生就业求职资料准备指导

一、求职信的写作

（一）求职信的内涵与功能

求职信是求职者向用人单位谋求某一职位而写的书信。求职信是一份由求职者撰写的书面材料，旨在向用人单位介绍自己、推销自己，并申请某一特定职业岗位（或职业范围），其中包含了自我介绍和自我推销的双重功能。求职信作为一种书面工具在人才招聘活动中发挥着重要作用。一份出色的求职信能够彰显求职者的清晰思路和卓越表达能力，是吸引人事经理阅读、考核求职者的绝佳工具。

有很多大学生对求职信不太重视，认为求职信作用不大，招聘人未必会读。其实不然。虽然确实有些人事经理无暇细看求职信，但是，毋庸置疑，仍有很多用人单位把求职信看作是对求职者第一印象的来源，因此求职信的作用绝对不容小觑，大学毕业生求职择业时要对求职信的撰写引起足够重视。

（二）求职信的类型

按"是否了解用人单位招聘状态"这一标准，求职信可分为自荐信和应聘信两个种类。

（1）自荐信：自荐信是在不知道用人单位是否需要聘人的情况下毛遂自荐。自荐信对自己的介绍应是全面的，可以向多个单位、多个部门寄送。

（2）应聘信：在得知用人单位公开招聘职位的消息后，应聘信成为一种与之契合的求职凭证。应聘信的目的明确，具有高度针对性，需要根据雇主的需求有针对性地介绍自己的专业技能和应聘动机。

（三）求职信的特征

（1）针对性：求职者应对用人单位有所了解，具备对所求职位的深入了解，熟练掌握自身条件，并能够根据自身实际能力和单位对职位的需求进行有针对性的调整，投其所好。

（2）自荐性：求职者与用人单位之间素未谋面，互不相识，现在要进行"纸上的会见"，因此要善于自我推销，突显自己的优势。

（3）个性化（独特性）：求职竞争太激烈，一封有鲜明个性的高质量求职信，能够让用人单位留下强烈深刻的印象，激起对方求贤若渴的意愿。

（四）求职信的内容与格式

求职信的书写格式与一般书信相同，一般来说由开头、正文、结尾和落款四个部分组成。

（五）求职信的编制规则

首先，一封效果良好的求职信必须有完整的内容结构，其次，撰写人还要掌握一定的写作规则，以免误写格式，起到反效果。通常来说，求职信有以下几种撰写要求。

1. 量体裁衣，度身定制

投单位所好，善于换位思考，从用人单位的角度出发考虑问题，针对不同的招聘单位和职位，求职信的重点内容应当具有高度的个性化和针对性，以确保其有效性和实用性。以有针对性的方式呈现个人的背景资料，展现自身的卓越才干。

2. 凸显主题，引人入胜

通常情况下，招聘人员对与其企业有关的信息最为敏感，因此求职信要重点把自己与企业或职位之间关联紧密的重要信息表达清楚。

3. 实事求是，切忌吹嘘

在求职信中，我们不仅要展示出个人的经历和技能，更重要的是展现出自己的品格和价值观。在应聘时，一个人必须展现出良好的品德修养，这有助于获得理想的工作。对于新加入的员工，用人单位期待他们诚实和敬业，这是基本的职业道德要求。有些求职信并没有豪言壮语或华丽的词藻，但其真诚、自然和实在的态度却能让人感到亲切，这也是求职信的一种有效表达方式。因此，我们在写求职信时，应该注重真实性和诚挚性，同时展现出我们的专业能力和个人品质，以赢得用人单位的青睐。

4.言简意赅，避免冗长

求职信篇幅不宜过长，否则会让人觉得啰唆，内容必须简明扼要。因为招聘人员的工作量很大，时间宝贵，求职信过长会令招聘人员不悦，使其效果大大降低。

5.讲究措辞，文字规范

在求职信的措辞方面需要做到严谨细致、不卑不亢，要充分展现出自己的自信。求职信不仅能体现求职者的知识素养，还能反映其个性品格。所以，一定要注意语言的精雕细琢，切忌有错别字、病句及文理欠通顺的现象。

二、个人简历的撰写

个人简历在求职场上是谋求称心职位的一块敲门砖。实际上，简历写得精美，未必就一定能获得理想的工作，但它却是求职的第一道门槛。

一份出色的可信度极强的简历，可以让用人单位从字里行间看到求职应聘者的才能和履历，强烈的事业心和责任感，从而做出面试或直接聘用的决定。同样一位优秀的人才，由于一份糟糕的个人简历，也可能会失去让未来的雇主在面试中进一步了解自己的机会。所以，对初出校门的学生来说，简历事关人生的第一份工作，求职者务必要认真撰写个人简历。

（一）个人简历的特征

1.真实性

简历是展示个人经历和能力的重要工具，我们在编写简历时，必须确保所有信息的真实性。任何虚假信息都可能导致我们失去工作机会，甚至影响我们的个人信誉。

2.完整性

在简历中，必须精准地勾勒出一个人随着时间的推移所经历的人生历程，使其轨迹得以清晰展现。它是对一个人在成长过程中所获得的知识和能力进行客观记录的文件。一个人的教育背景、职业生涯，以及与个人生活相关的经验，都必须在其中得到全面而深入的反映，从过去到未来，无所不包。

3.规范性

建立个人档案对于党政团体、政府及社会机构的组织、人事部门来说，是一项至关重要的任务，因此填写、收集和保存都必须遵循严格规范的标准。它不仅是个人从事某种活动或担任某项职务必不可少的材料，而且也是单位了解和评价一个人能力和业绩的主要依据之一。通常情况下，这类个人简历的格式和书写要求都是固定的，而且需要进行有组织的填写和移交。

（二）个人简历的内容

写作简历的目的是让用人单位在很短时间内能够了解到个人是否具备录用资格的信息，因此在编写简历时必须有的放矢，充分彰显个人的长处。一般而言，简历所包含的信息涵盖了标题、个人基本情况、求职目标、教育背景、个人专长/兴趣特长和自我评价等基本要素。

1. 标题

标题可直接书写"简历"或"个人简历"，或在简历前附上姓名和称谓。

2. 个人基本情况

个人的基本情况指的是对姓名、年龄、性别、籍贯、民族、学历、政治面貌、健康状况以及联系方式等方面的简要介绍。通常情况下，对于一项内容要素，我们可以使用一两个关键词进行简明扼要的概括说明，以达到更好的表达效果。如果有必要还可加上一些补充描述。为了方便用人单位与相关方面取得联系，此部分应置于首位。

3. 求职意向

求职意向主要说明自己对哪些行业感兴趣，想找什么样的工作岗位，明确表述自己的目的和动机。这部分内容表述要简洁，一般由一个短语或句子组成。内容上应与个人的工作经历或学历有某种逻辑上的联系，即寻求的职位应与自己过去担任过的职务或学习过的专业相近或相同，而不宜相距太远或毫不相干。

4. 教育背景

用人单位主要是通过求职者的受教育情况了解求职者的智力水平及专业技能等，所以一般将最高学历写在前面，从最近的学习历程回溯至中学阶段，主要以大学学习经验为基础，详细罗列主修、辅修和选修课在大学阶段的科目和成绩，特别强调与所追求职位相关的教育学科和专业知识。

5. 工作/实践经历

对于刚进入社会的大学生而言，他们的工作经历可以由社会实践与实习经历代替，其中包括在学校和班级担任的社会工作、校园及课外活动、参加的各种团体组织、实习经历以及实习单位的评价等。

对于那些曾经有过工作经历的求职者而言，在描述他们参加工作后的各个阶段时，需要特别强调他们的主要才能、贡献、成果，以及在学习、工作和生活中具有重要意义的事迹。此外，还需要特别突出他们在原岗位上的业绩，以及他们在何时、何地获得的奖项和所具备的技能水平等方面的表现，这些信息应该被详细注明。同时还可以列出求职过程中遇到的各种问题及其处理方法，以便于用人单位了解自身是否具有良好的职业素质。为了方便用人单位评估求职者的团队合作精神和组织协调能力等方面的表现，需要对相关内容进行更加详尽的阐述。

6. 所得奖励

所获奖励（荣誉）包括受教育期间在出版物上发表的论文、参加的各类大赛、学生干部资格、获得的奖学金等各种奖励。

7. 个人特长／兴趣专长

个人专长主要列明个人所学的专业或由个人兴趣发展而来的专长，主要是与应聘工作相关的专长，包括专利、语言技能、许可证书和各类职业资格认证。个人专长有助于用人单位全面了解求职者的情况，可增加求职者被录用的机会。

8. 自我评估

在自我评估中，要简明扼要地说明自己的最大优势是什么，要反映出自己的能力和实力。自我评价要务实，切忌空话、套话。

（三）个人简历制作的注意事项

一份成功的简历，应该让求职者看上去颇为优秀。有些人虽然有过令人失望的经历，但若用不同的标准去衡量则可能会变成优点，因此写简历时一定要忘掉缺陷，强调优点，要善于发现自身从未发现的优点，让用人单位迅速知道求职者的求职目标和个人能力。

1. 内容上凸显个性

简历的内容应该能够明确地表达出求职者"能做什么、做过什么、有何成就、想做什么"四个方面的内容。此外，每个人都有自己值得骄傲的经历和技能，可以使用"第一、仅有的、之一"这样的词进行独特性的描述。

例如，（1）××大学生文化交流使者（是2000名申请者中的两名入选者之一）。(2) ××学院科研成果二等奖（仅有的两名一年级获奖本科生之一）。

2. 形式上与众不同

一份编辑专业、制作精良的简历要能保证内容的一目了然，这有助于叩开职场的大门。可以采用多种编排技巧，包括但不限于使用不同的字体、下划线和段落缩进等，以突出文章的重点，还需要注意尽量不使用过长的段落，这样做可以使简历别具一格；如果在一堆电脑打印的简历中，有一份设计新颖、字体美观漂亮的手写简历，一定更能引起招聘人员的注意。

当然，我们也可以套用一些现成的简历模板，但必须适合自己及所求职的岗位。不管用什么形式，都不宜过分复杂，要做到清楚、悦目。

3. 语言简明扼要、富有个性

一份简历必须在20—30秒内使读者产生印象。第一印象好，才会使读者有兴趣读完整个简历，否则，有可能很快被扔进废纸篓，所以说，在撰写简历时，需要特别关注词汇的筛选和句子的组织，以确保表达简洁明了。根据不同目标职位的要求，用最少的文字表达最多的内涵，让用人单位在最短的时间内得到最多、最准确、最重要的求职者信息，运用精准、富有表现力的措辞，以满足不同目标职位的需求，并以最少的文字表达最多的内容。

另外值得注意的是，简历应当精简至一页之内，主要呈现出最重要、最具实质性的内容，以供用人单位参考。简历中的材料应该是真实可靠的信息，不能弄虚作假，更不能夸大自己。同时，请勿将所有资料密密麻麻地堆积在一起，自己经手的项目和项目之间应当留有一定的间隙以避免混淆。简历内容不能太多，最好以简单文字为主，尽可能用简单明了的语言来叙述自己的工作经历及业绩。在完成简历后，需要进行反复审查和修改，以纠正所有的错误，同时删除不必要的重复语句。错别字和语法错误通常会被认为是缺乏最基本技能的表现，在高级职员和专业岗位上错别字和语法错误是不可以被接受的。

三、相关证书和附件材料的准备

（一）各类证书

随着人才机制的不断完善，人才评价正逐渐向更加社会化、客观化、公平化、国际化的方向发展。为了适应社会主义市场经济发展要求，我国对专业技术人员实行了国家统一考试与自主择业制度相结合的考试考核方式。在全国范围内，国家有关部门陆续举办专业技术资格考试，以作为专业技术人员评聘职务和执业的必备资格条件。这对加强人才队伍建设具有十分重要的意义。具备相应领域的专业技能证书已成为求职择业的有利条件之一。

大学生择业就业时，应把已获得的各类证书备好供用人单位参考，包括各类专业证书和奖励证书等。例如：

（1）计算机软件专业技术资格和水平考试证书。

（2）会计专业技术资格考试证书。

（3）经济专业技术资格考试证书。

（4）法律资格考试证书。

（5）建筑、设计、会计、监理、工程等注册类资格考试证书。

（6）其他专业技术资格考试证书。

除此之外，还有国家新公布的全国统一考试的专业技术资格证书。

（二）学校的毕业生就业推荐表

毕业生就业推荐表一般由学校就业主管部门发放，一般在毕业生应聘国有企业、事业等单位时需要。

填写毕业生推荐表时要注意以下事项。

（1）确保所选专业名称与招生计划中规定的专业名称相符合。

（2）确保姓名与户籍和身份证上的姓名完全一致。

（3）学校评语要由系（院）根据学生的情况填写，并加盖公章。

（4）推荐表的内容要属实。

（5）按推荐表要求填写的其他内容要认真填写。

（6）推荐表是学校发给学生"双选"的依据，如果签订协议后，毕业生因被用人单位发现存在错误的作假行为，导致被用人单位解雇，其后果应由毕业生个人承担。

（三）学习成绩单、参加社会实践的鉴定材料

大部分用人单位都会关注求职者在校期间的学习情况，学习成绩单则集中反映了求职者整个大学阶段的学习情况，因此毕业生在制作求职材料的时候，要把个人大学阶段的成绩单打印出来，加盖学校教务科研处公章，作为支撑材料。另外，大部分求职者在校期间都有一定的社会实践经验，特别是与本专业、与求职岗位密切相关的社会实践，一定要记得让实践单位出具加盖单位公章的评价性鉴定材料，要注重对求职者实践期间的工作态度、工作能力和工作成效的实质性评价。

第五章　大学生就业应聘实践过程指导

"大学生求职过程可以分为求职准备、应聘筛选和进入组织三个阶段。在不同阶段，大学生求职的主要活动及面临的困难各有不同，高校就业指导部门应据此采取相应的方式提供不同内容的就业指导服务。"[①] 本章阐述大学生就业应聘实践过程指导，主要包括五个方面内容，分别是招聘考试的种类、笔试的应对指导、面试的应对指导、情境模式的应对指导、求职礼仪指导。

第一节　招聘考试的种类

一、笔试

（一）笔试的形式

笔试可采用多种方式进行，包括论文式笔试、测验式笔试、答卷式笔试。

1. 论文式笔试

在论文式笔试中，应聘者需要撰写一篇长篇文章，详细阐述自身对某一问题的观点，以评估其所掌握的知识、技能和观念等。该方法的长处在于其能够评估应聘者的书面表达能力，并且方便观察其推理能力、创造力、材料概括能力；该方法的缺陷在于缺乏客观的评估标准，因此难以准确评估求职者的专业能力。

2. 测验式笔试

测验式笔试是一种通过对应聘者进行是非题、选择题、填空题、对比题的测试，以评估其记忆和思考能力。该方法的优越之处在于其公正的评分和一致的评价准则；缺点是不能全面考核应聘者的综合素质。

---

① 李厚本，简小鹰.基于大学生求职过程的高校就业指导[J].成人教育，2012，32（05）：99-100.

3.答卷式笔试

答卷式笔试是一种综合性的书面考核方式，其题型和适用范围并无明确的限制，因此招聘部门可以根据需要考察的项目编制相应的试卷。它主要考察应聘者对知识内容的理解程度和运用情况。通过运用思考题进行推理能力测试，以及通过改错题对文字编辑能力进行考核等。考生将试卷交付给面试考官后，由面试官对考生试卷进行评分并做出最终决定。随着时间的推移，越来越多的现代企业开始采用这种笔试方式来招聘人才。该方法的最大长处在于其能够全面评估应聘者的思维能力，包括知识和智力方面的综合表现；同时也能考查考生的实际工作经验和技能水平。缺陷在于编制试题的难度较高，因此需要评价标准进一步精细化。

（二）笔试的内容

1.心理测验

心理测验是一项全面评估应聘者职业能力倾向性、个性特征、价值观、职业兴趣和情商的评估工具。目前国内心理测验多采用开放式问卷或封闭式问卷调查等方法。主要采用测验式笔试作为心理测验的主要形式。

2.智能考核

应聘者的专业知识、智力、技能和特殊能力将通过智能考核评价，这种考核方式主要采用答卷式笔试，而不是简单的是非选择或判断、填空。

二、面试

在面试过程中，主试官与应聘者进行一系列问题的面对面交流，以获取更多信息。通过这种测试，了解应聘者的知识技能水平以及个性特点等多方面因素。面试是一项能够全面评估一个人多方面能力的评估活动，其独特的效果不容忽视。在众多的应聘技巧中，面试是被普遍采用的重要手段之一。

（一）模式化面试

模式化面试是一种基于应聘者的背景和资料，向其提出一系列有着确定题目和答案的与工作相关的问题的过程。这种方式可以使招聘方了解应聘者是否有良好的素质和能力，并据此对其作出适当评价，以提高招聘效率。

（二）非指导性面试

在非指导性的面试中，招聘者通过面向应聘者开展漫无目的的对话，最终不经意间将话题引向面试的核心。

（三）问题式面试

问题式面试是指通过提出问题或制订计划，要求应聘者在解决问题或完成计划时表现出高度的主动性和积极性。

（四）压力式面试

压力式面试是一种通过有意施加压力于应聘者，使其感到不安和焦虑的招聘方式，从而评估应聘者在面对各种压力时的应对能力。这种测试方法简单实用，易于操作。

面试是一项便捷且高效的评估方式，其考察范围不受任何限制。在众多的求职途径中，面试无疑是最重要、最常用、最基本的招聘方式之一。尽管模式化面试是一种常见的评价方式，但其评价标准难以达成一致，且有时过于随意，缺乏统一性。

三、情境模拟测试

情境模拟测试是一种模拟真实工作或社交环境的方法，通过观察应聘者的行为过程和达成的结果，以评估其心理素质、实际工作能力、反应能力、沟通能力和潜在能力等方面。在情境模拟测试中，常常运用基于工作样本和评价中心的技术，这种方法具有高度的实践导向性。

（一）工作样本技术

运用工作样本技术，对候选人在实际执行基本任务时的表现进行测量。在研究中发现，工作样本可以作为一种新的工具来检验候选人的真实能力。正是因为工作样本所测量的是实际工作任务，所以候选人很难提供虚假的回答。

工作样本技术的基本流程包括挑选几项对拟招募人员的职位至关重要的任务，接着对每一项备选任务进行候选人测试，时刻观察候选人的表现，并详细记录下候选人执行该任务的优劣结果，通过与测评标准的对比来判断其是否符合岗位要求。

(二)评价中心技术

评估中心技术是一种多维度的行为标准化评估方法,它将被评估的对象放置在特定模拟环境中,运用多种评估技术对其行为表现进行评估,并由多名经过培训的评估师进行评估。由于评价中心技术费用较高,操作难度大,对主试人的要求很高等问题,所以,常被运用于选拔那些具备更高层次管理技能或更为重要职位的人才。

第二节 笔试的应对指导

笔试是为了测试应聘者在专业知识、文字表达和书写态度等综合能力方面的表现,是企业在校园招聘过程中的筛选方式之一。对于应届毕业生来说,笔试可以帮助企业进一步筛选出具有职位要求、符合公司企业文化并具有所需思维方式和能力的应聘者。

笔试是一种评估求职者是否拥有符合公司标准的基本素质和能力的测试方式,其通过文字形式进行。这些技能与素质涵盖了诸如逻辑思维、数学和统计分析、案例研究和文字表达等方面。笔试是在事先准备好的试题基础上进行的。笔试通常适用于这些情况:面试人数庞大,需要全面测试应聘者的知识领域以及文字表达能力。笔试可以一次性集中考核大批应聘者在某些特定方面的素质和能力,例如书写表达能力、公文阅读及理解能力,以及职位要求的特定知识或技能等,这些方面可能很难在面试等其他方式中考察到。对于许多需要精湛专业技能的职位,如计算机软硬件开发等,笔试是不可或缺的考核方式。

但笔试在招聘环节也存在一定局限性。首先,笔试很难测评求职者的兴趣、能力、价值观等个性特质。有些人表现出色的原因并不是因为他们真正具备分析问题和解决问题的能力,而是因为他们仅仅靠死记硬背来取得高分。其次,一个人的仪表风度、口才、反应的敏捷性等综合素质无法通过笔试测评。而且,若考生数量较多,则多组笔试试题的设计、考场的布置、监考人员的安排都比较繁琐,且费用也比较高。因此,不是每家公司在招聘会上都会进行笔试。

大学生应该注意择业过程中的笔试和学校课程考试的不同之处,要有针对性地准备,掌握一定的答题技巧,以赢得笔试的成功。

一、笔试的类型

（一）专业考试

有些用人单位专业性较强，对技能和知识水平要求较高，在招聘过程中需要进行文化和专业知识的笔试来评估其能力。考核的目的主要是检验求职者是否具备职务要求的专业知识水平和相关的实际能力。越来越多的企事业单位已开始采用这种方式。例如，外资企业招聘雇员要考外语，公检法机关录用干部要考法律知识，文秘工作要测试应用文文种的写作，会计工作要考核相关的会计知识和政策法规，教师招聘要考核相应的教师综合技能等。

（二）智商和心理测试

智商通过是国际知名企业常用的测验方法，对应聘者的学历没有特别的要求，但是对应聘者的综合素质有很高的要求。他们相信，一个人的职业技能是可以从企业的培训中培养出来的，所以，一个人的职业技能有无教育背景并不重要，重要的是一个人能否持续地学习新的知识。智商测试并不神秘。一种是图像识别，例如，一组四个图像，要求候选人找出他们之间的相同点和差异。而另外一种则是数学题，考查考生对数字的敏感度和基础运算的能力。例如，给一个候选人一套数据集，并要求他找出各种需求的平均数。特别是在一些专业的招聘工作中，比如会计、审计等。

心理测试指的是用预先编写好的标准化量表或问卷，让应聘者去完成，以完成的数量和质量为依据，来判断求职者的职业心理水平或个性差异的方法。有些雇主经常用它来测试应聘者的心理品质，如态度、兴趣、动机、智力、个性等，然后根据对个人的要求决定取舍，职业心理测试之所以得到广泛运用，在于个体的心理素质与职业之间有着密切关系。很多人会因为个人的心理素质与职业不相符，工作频繁失误，从而产生焦虑、失望等不良情绪，影响职业发展。

（三）综合能力测试

综合素质测试也会对学生进行智力测验，但是难度较大，测验的重点是学生的书面表达能力、问题解决能力及逻辑思考能力。比如IT、电子、通信、机械重工业等企业，他们在招聘技术员的时候，会注重对他们的逻辑推理能力、数字计算能力和与工业有关的综合知识进行考核。例如，应聘者需要在一定的时间内，对一组数据、一组资料展开分析，找出其合理的部分和存在问题的部分，并设计出解决问题的方案。此项测验主要是考查学生在阅读方面的能力，以及对问题的发现、分析、解决等方面的能力。

国家机关招聘公务员，一律考试录用。近年来，国家公务员招聘考试的笔试科目包括行政职业能力倾向测试和申论。其中，行政职业能力倾向测试属于具有很强代表性的综合能力测试，它被用来对应试者与拟任岗位有关的知识、技能和能力进行测试，它属于一种对应试者在担任公务员工作中所需要具备的潜力进行考察的一种职业能力测试。考试的题目包括语言理解与表达、数量关系、判断推理、常识判断、数据分析等，其重点是对考生的感知速度和准确性、语言理解和运用、数量关系、判断推理和数据分析等方面的能力进行检测。申论则是测试应试者的综合分析及文字表达方面的能力。

二、笔试的方法

笔试的考试方法有很多种，归纳起来主要有测验法、论文法、作文法。它们相互补充，使笔试方法形成一个较为完善的体系。

（一）测验法

测验法是一些具体方法的总称。与作文法、论文法相比，它运用得最多。测验法常见的有以下几种：

（1）填充法：也称"填空法"，主要是往缺少词语的句子里填充词语。测验有简有繁。

（2）是非法：也称"订正法"或"正误判断法"，是要求判断内容正误的方法。

（3）选择法：即给一个词或一个问题做几个容易使人迷惑的说明，并要求肯定一个正确的说明来回答。

（4）问答法：要求学生对提出的问题做出回答。大多是要求用简单的词语回答简单的问题。

以上这些方法，常常是相互交叉的。这些题目的特点是：问题明确、简练；出题量大；问题涉及面广；问题的难度适当。所以，笔试者在准备参加测验时要明确考核范围，根据题型的特点去复习，以免失误。

（二）论文法

论文法就是招聘单位提出回答范围较广的问题，由考生用文字作答，以测验其思考能力的方法。其形式是一种论述题，也可以是自由应答型试题。这种方法在我国有较长的历史，在招聘选拔人才的笔试中曾被普遍采用。这种方法与测验法的明显不同是，它可以使应试者呈现自己的答案。如果说测验法是封闭性考试或识别性考试的话，那么论文法则是开放性考试，应试者在解答这类题型时应该读透题意、解释全面。论文测试的内容，主要是让应试者对职业选择的具体问题进行评价，对某种现象进行分析或写出感想。案例分析、对公司的评价及读后感等都属于论文测试性质。在测试方法上，主要是让应试者叙述和评价事实，或比较异同，或阐明因果关系，或分析实质，或评价高低，或叙述认识和感想等。

（三）作文法

作文法可分为两步：一是供给条件，实行限制性作文；二是分项给分、综合评定。供给条件的作文，就是让应聘者根据考试者提供的一定条件，在一定范围内作文。分项给分、综合评定，就是按作文的构成因素，区分项目，分别给分，然后给予综合性的评定。应试者在进行作文考试的时候，一定要在主题表达清楚的同时，认真对待字、词、句及标点符号，避免出错，给用人单位留下好印象，取得高分。

三、笔试前的准备

（一）研究职位要求，熟悉笔试题型，模拟真实笔试时的环境

在接到企业笔试通知后，首先可以利用各种渠道和方式，对企业历年招聘笔试题型进行了解，并模拟笔试时的环境，做一些模拟题，看自己是否能够在指定的时间内完成，正确率有多高，找出出现错误的原因，并总结笔试经验，针对自己的弱项进行突击练习。如果确实没有找到往年笔试的题型，那么可以就职位招聘中对相关技能要求的描述进行研究，从而对笔试题考核的题型和内容进行间接判断。在进行模拟试题时，要尽量模仿考试的实际情况，特别要注意考试时间的限制，不能使用计算器。对大部分招聘者而言，只要给他们足够的时间，他们就可以通过笔试题获得高分。但是，在很多时候，为了在笔试阶段尽可能全面、综

合地考察应聘者的素质和能力，企业会设计大量的笔试题，一些应聘者在有时间约束的条件下，并没有掌握好答题的技巧，不能很好地利用时间，导致情绪受到影响，进而表现失常。

（二）复习相关基础知识及专业知识

在熟悉了笔试的题型后，要对考试内容进行延伸复习，因为做过的题目在实际的笔试中出现的概率很小。其实，在校园招聘的时候，企业招聘的笔试题中，会出现一些在大学里学过的基础知识和专业知识，所以在进行笔试之前，先把有关的知识点重新温习一遍，这样可以帮助我们更好地面对笔试。

（三）明确招聘笔试要求，准备好相关物件

在收到笔试的通知之后，必须提前确定好时间和考场，实在不行的话，还可以提前去考场"踩点"，免得迟到。与此同时，按照笔试通知中的要求，携带好与之有关的物品，其中包括一些个人证件（如身份证、学生证或记下申请职位时的 ID 号等）、笔试用具等。

（四）注意休息，调整好自己的状态

笔试前一天晚上一定要休息好，调整自己的心态，以放松的状态去应对笔试。

四、笔试时的注意事项

（一）注意时间管理

要有策略地做题，先做擅长的，保证答题率和正确率。

（二）良好的考试环境

如果在网上考试，要营造一个安静的环境，手机静音、电话拔线，门口挂上"请勿打扰"的牌子。

（三）注意考场纪律

一定要遵从监考人员的指示，在没有得到指令的情况下翻阅试卷，很有可能被取消考试资格。有很多公司非常看重应试者的守纪与诚信。大家要明确一点，

笔试不仅仅是一场考试，也是求职过程中的一个环节，考场上的表现很可能会影响到之后的面试。

（四）注意心理调节

有时候我们可能会受到同考场内情况的影响，如别人早交卷等，这个时候，我们要注意调节自己的心理，不要紧张、慌张，相信自己一定能够做好。

第三节 面试的应对指导

一、面试技巧

在求职过程中，面试是一项至关重要的环节，然而，有些大学毕业生在这个过程中可能会感到手足无措，导致表现不佳，进而在求职过程中因小失大，最终无法获得成功。

（一）面试的准备

1. 硬件准备

（1）推荐材料的准备

面试之前根据用人单位的特点和要求准备各种格式的推荐材料，确保面试官想看什么个人就有什么。除此之外，还应准备好就业协议书。

（2）个人形象的准备

面试前应该准备一套合适得体的职业装，男性最好是深色西装，配同色系或互补色系的衬衫，系领带、穿皮鞋。女性可以选择稍休闲的职业装，若是裙装要穿丝袜、合适的高跟鞋。另外，保持良好的举止也是能够为面试加分的，站姿、坐姿、眼神、表情等都要注意。

穿着打扮既能反映一个人的修养，也是对面试官和用人单位的尊重。一般情况下，一个人的外形是否正式会直接影响到面试官对应聘者的第一印象。

（3）纸、笔、证件的准备

面试之前一定准备好用于面试做记录的纸和笔，备有相关证件和证书，以证明个人身份和能力,最好将相关证书、作品等复印件整理装订成册,并带上原件。

2. 软件准备

(1) 了解用人单位概况及求职职位的要求

一方面,尽可能详细了解用人单位的情况。用人单位情况包括组织内部情况和组织外部情况两方面。组织内部情况包括发展历史和最新动态、发展目标与组织文化、单位领导的姓名、单位规模与行政结构、服务内容与类别、财务状况、绩效考核体系、培训体系、薪酬体系、正在招聘的职位及能力要求等。组织外部情况包括服务对象的类型及规模、组织的公众形象与社会评价、主要竞争对手的情况等。

(2) 保持良好的心态,努力克服紧张心理

要充分认识到求职竞争的激烈、残酷和困难;要树立战胜自我、战胜他人的必胜信心;要丢掉思想包袱,畅所欲言,不要患得患失。既不能把一次面试和工作机会看得过轻,抱着无所谓的态度,不屑一顾;又不能将其看得过重,从而背上沉重的思想包袱。

(3) 复习并演练面试中可能考核的知识技能

根据目标企业和目标岗位的不同,简历所用语言也应不尽相同,所以面试前应该对投递的简历进行回顾,重新熟悉内容,特别是在个人介绍部分,要突出人职匹配度,让面试官相信自己确实有可用之处。做好这些工作后,就可以请一位有经验的朋友、同学或老师扮演面试官,对面试进行模拟演练,对一些可能提到的问题预先进行熟悉,以便于面试时能更好地发挥。

注意,要尽量避免有亲朋陪同参加面试。这是缺乏自信的一种表现,也是容易被淘汰的重要原因。

(二) 求职者语言应用的技巧

1. 口齿清晰,语言流利,文雅大方

在交流过程中,务必确保发音精准、清晰、无误。交谈中不要使用粗俗的话,也不可使用一些令人不快的话来伤害对方的感情。为了确保语言的流畅度不受影响,我们必须谨慎控制说话的速度,避免任何可能的阻碍。

2. 语气平和,语调恰当,音量适中

在面试过程中,应当注重运用恰当的音量、语调和语气,以达到最佳的沟通

效果。交谈中可适当使用一些委婉语使自己显得更礼貌，在交谈中，面对说话者应保持安静。声音的音量若过大则令人感到厌倦，若声音过小则对方很难听清。说话应避免使用尖刻的语言，尽量保持亲切、温和的口气。根据面试现场的具体情况，音量的幅度应当进行相应的调整，当两位面试官距离较近时，应注意声音的音量不宜过大；而在进行群体面试且场地开阔时，则应注意声音的音量不宜过小，以确保每位面试官都能清晰地听到自己的讲话内容。

3. 语言要含蓄、机智、幽默

在言语表达中，恰当地融入幽默元素，营造轻松愉悦的氛围，展现出自身的优雅气质和从容风度，可起到事半功倍的效果。特别是在面对棘手的问题时，运用机智幽默的措辞，能够展现出自身的智慧和才华，有助于化解危机，并给人留下深刻的印象。

4. 注意听者的反应

求职面试与演讲不同，它更像是一场普通的人与人之间交流的对话。因此，在谈话前一定要做好充分准备，使谈话顺利进行。在交谈过程中，需时刻留意倾听者的反应，以确保交流的顺畅性和有效性。要想使面试获得成功，必须掌握好说话技巧。为了获得出色的面试效果，必须根据对方的反应及时调整自己的语调、语气、音量、陈述内容等。

（三）求职者回答问题的技巧

1. 把握重点，简洁明了，条理清楚，有理有据

通常情况下，在回答问题时，我们应该先得出结论，然后再进行论述和论证，先要清晰地表达自己的核心思想。如果是长篇大论，就需要先对题目进行归纳总结，然后根据命题意图确定思路与方法。若非如此，长篇大论，必将使人无从把握要领，从而影响面试效果。

2. 讲清原委，避免抽象

面对招聘方提出的问题时，必须深入了解具体情况，不能简单地以"肯定"和"否定"作为回答，而应综合考虑各种因素。在面试过程中，对于所提出的问题，有必要对其进行详细的解释和说明，以充分阐明其原因和程度。否则，就会影响主试者对考生所答问题的印象。

3. 确认提问内容，切忌答非所问

在面试过程中，若遇到用人单位提出边界模糊，进而导致难以明确回答或难以理解对方的问题含义的问题时，可以将问题复述一遍，并先说明自己对该问题的理解，然后向对方请教以确认问题的具体内容，说明必须对其进行深入研究，这样才能制定有针对性的解决方案，从而避免回答偏离问题。

4. 有个人见解，有个人特色

有时，用人单位会接待多位应试者，反复询问同一问题，并重复听取类似问题的回答，这会让人感到乏味无聊。如果能说出一些有代表性的回答，就可获得事半功倍之效，能够引起用人单位的浓厚兴趣和关注。

5. 知之为知之，不知为不知

在面试过程中，若遇到自己不了解的问题，若是采取回避、默不作声、不懂装懂等不恰当的方式并不能取得成功，相反，坦诚地承认自己的不足之处反而会获得主试者的认可。

二、面试全过程解析

在大学生的求职择业过程中，面试是一项至关重要的环节。许多毕业生本来具备相当优秀的能力和水平参加应聘，但被众多面试阻拦。究其原因，主要在于他们对面试缺乏足够的重视和了解。除了掌握面试答题的技巧，大学生还需要重视细节。面试时，要想取得一份满意的工作或职位，就必须要从心理上做好准备，这些心理状态又与面试的细节息息相关。成功或失败往往取决于微小的细节，即使是一时的疏忽也可能导致面试的彻底失败，令自己后悔不已。

（一）面试之前

在进行面试之前，必须严格遵守时间安排。在进行面试之前，必须仔细了解所在单位的位置和所有能到达的路线，面试的时候则需要确保提前 15 分钟到达面试地点，以便熟悉周围环境并保持情绪的稳定。过早地踏入面试的场所，会让自己形成紧张的心理，增加暴露出缺点的可能，并且在一定程度上会干扰对方的工作。

另外，在进入面试场所之前，务必将手机关闭或调整成振动模式，以免在面试过程中干扰双方的对话，给面试官带来不好的印象。

最后，报到时要面带微笑，态度自然，清晰地介绍自己的姓名、应聘职位、约见人以及约定的时间。同时要注意礼貌用语和礼节。

面试之前的等待时间，可以观察该公司的工作氛围，积极寻找与之相关的简介、资料等，或者找出重要产品、服务等信息。这将有助于打开面试时最初的谈话局面，并巧妙地将自己与用人单位联系起来。

（二）面试期间

1. 进门

进门前手上可拿一份资料以解决手没处放的问题，同时女性在弯腰或展示资历时可用其挡住下垂的领口；面试之前先敲门，保持礼貌用语，多人进入的时候，最先进入的人需要保持门的开放，让后面的人先进入。

2. 就座

勿贸然就座，更不能争抢座位。只有面试官发出"请坐"之后，先表达感激之情，然后就座；不要急于开口，应尽量用平静而温和的语气说话，可以通过面试前的闲聊，打破僵局，进而增进双方的亲近感。

3. 答题

（1）消除紧张。当感受到紧张情绪时，可以详细阐明这是自己的第一次面试，所以感到有些紧张，在回答问题之前希望面试官可以先让自己冷静一下。

（2）认真回答。在了解到考官的问题后，若问题并不常见，则需稍事思考片刻，方可作答。这样一来，不仅可以归纳自己的思路，还能避免考官认为应聘者的回答过于仓促。

（3）注意与倾听。在面试过程中，倾听是至关重要的一环。当应聘者与面试官交谈时，认真倾听不仅体现了对面试官的尊重，还能够使面试官获得心理满足。

（三）面试结束

在面试结束之前，应聘者需要精准地把握时机，以便在适当的时候离开现场。通过主动告别，来表现我们的礼貌和尊重。

在详细阐述其工作性质、内容和职责后，面试官会要求应聘者阐述其对未来职业发展的规划和设想。接下来，双方或许会就福利待遇议题进行磋商。应聘者在结束谈话后,应该主动告别,避免无谓的时间拖延。面试完成回家之后,面试者可向对方发函表示谢意,增加考官对自己的印象和好感。

三、面试中的典型问题分析

招聘面试的常见问题大致可以分为以下 5 种类型:背景性问题、压力性问题、意愿性问题、智能性问题、情境性问题。

(一)背景性问题

面试时遇到的背景性问题往往与应试者的个人背景息息相关。在面试开始之际,考官通常会先了解应试者的工作生活情况,这么做主要是让应试者在放松和消除紧张情绪的同时,更顺利地进行面试;另外就是需要对个人简历进行验证,以排除虚假信息和表述不准确的情况;积极引导之后面试问题的提出,从而更加深入地开展面试工作。典型问题如下:

1. 做自我介绍

分析:(1)这是面试的必考题目,主要测试的是应聘者的语言表达能力;(2)相关介绍需要与个人简历契合;(3)尽量采用口语化的表达方式,以使其更易于理解;(4)必须精准地抓住核心问题,避免涉及毫无意义、毫无价值的内容;(5)条理清晰、层次清晰;(6)建议事先以书面形式记录并牢记于心。

2. 阐述自己最大的优点

分析:(1)这道题目经常被用于打破沉默,并能测量一个人的自知之明;(2)应聘者应避免使用一长串"华而不实的形容词",如勤奋、聪慧、忠诚及执着等,而要尽量使自己的优点具体化;(3)最重要的是要将自己的优点与招聘单位的需要结合起来,因为这才是招聘人员真正想了解的。

(二)压力性问题

一般而言,压力性问题旨在评估应试者在面对压力时的思维逻辑性和条理性,同时也可用于考察其注意力、瞬时记忆能力、综合概括能力等。主要有以下几个较为常见的问题。

1. 失败经历自述

分析:测试的对象与上一题基本相同。(1)不应否认自己曾经历过的挫折和失败;(2)不应将那些显而易见的胜利归为失败之列;(3)最好不要说一些会影响这一工作的以往失败经历;(4)需要说明,在经历失败之前,自己全力以赴地投入工作中;(5)阐明失败的根源在于外在的客观因素;(6)需要说明在遭遇失败后,自己迅速恢复了活力,以更加充沛的激情面对之后的工作。

2. 经验不足应届毕业生胜任工作的方法

(1)当招聘单位向应届毕业生的应聘者提出这个问题时,这表明招聘单位并不真正看重应聘者的"经验",而更看重应聘者的回答内容;(2)应聘者真诚、机智、果敢的回答可以赢得面试官的好感。

(三)意愿性问题

1. 个人选择本公司的理由

分析:(1)考官企图探究求职者在求职过程中的动机、期望、态度,以期对应聘者更深入地了解;(2)应聘者最好以行业、企业和职位三个维度为切入点,对此进行探讨。

2. 个人的薪水预期

分析:(1)通过回答,考官可以了解求职者对行业情况的了解程度和对金钱与工作的态度;(2)不要一开始就主动和考官谈薪水,这样会让人家觉得俗气和缺乏诚意,最好等对方主动谈起时再谈。作为毕业生,通常各企业都会有一个大致相同的起薪标准,谈与不谈,意义不大;(3)如果考官主动谈起薪水问题,则不要回避。

(四)智能性问题

智能性问题是一种考察应试者思维能力,以及对各种事物和现象的理解、分析和判断能力的综合评估。一般而言,这类问题并非要求应试者发表具有专业性的观点,也不是对观点本身的正确性进行评价,而更多的是取决于应试者是否能够提出合理的观点。典型问题如下:

对于当前"95后"大学生存在的"慢就业"问题,自己是如何看待的?分析:对本问题来说,高水平的回答不仅要谈到"慢就业"现象产生的原因,更要进一步提出高校人才培养改革、创新就业指导方式等措施,全面深入地考虑问题,从而获得面试官的好感。

（五）情境性问题

创造一个情境，使应聘者与考官进行言语交流并方便面试官观察其行为表现，以评估其是否具备相关的实际能力，这是情境性问题的核心。情境性问题的一个显著特征就是它能够充分评估应试者的诸多素质水平，因为他们通常很难在情境中伪装自己，而在陈述性面试中，他们更容易隐藏自己的真实情况，甚至欺骗考官。

我们假设某个企业招聘营销专员，设置情境如下：假如同事介绍一款价值8万元的液晶电视给客户，却对客户说价格为5万元。客户付账前，同事临时有事走开了，换自己来接待。客户坚持以5万元的价格购买，并在商场里吵闹。此时，自己该如何解决？

分析：对于此类试题，应试者要充分考虑事情的轻重缓急，采取多种措施，借人、借物解决问题。一定要让自己的回答有逻辑，能自圆其说。

四、面试中的应对策略

掌握面试答题的思路是重要的，但再怎么重要的思路或模式都只是回答好面试问题的基础，为了在回答面试问题时有完美的表现，应聘者就需要具备发散思维，积极运用各种应对策略。

（一）积极主动

积极回答面试官的问题，不可长时间地沉默，以免给面试官带来不好的印象，在回答问题之后，可以根据实际情况，礼貌询问面试官对自己所回答问题的答案的看法，通过这种方法不仅表现了自身对面试官的尊敬，还会使面试官对应聘者产生一定的好感，从而获得良好的面试结果。

（二）简洁明确

面对面试官的问题，不要只是回答"是"或者"否"，也不可只说一两句话，可以在面试官询问自己曾经的工作的时候，首先阐明自己的工作性质，之后进行简单的举例说明，阐述自己的工作内容等。

（三）留有余地

在面试过程中，对于那些需要从多个角度进行详细说明的问题，应聘者应该灵活运用语言表达技巧，以保留更多的灵活性和回旋余地。否则，很容易让自身在之后的问题回答中被掣肘。

（四）不失自信

无论何时何地，求职者都不能在面试中丧失对自身的自信，特别是在面临压力或遭遇面试官有意设置的"陷阱"时，这一点显得尤为重要。就比如在面试的时候，面试官问一个人的缺点，在他按照预先准备好的说辞回答完毕之后，面试官并未说话，也没有给他任何回应，他以为自己的回答不好，为了弥补，只好又讲了一个缺点，一个又一个事先没有考虑的缺点被说出，直接导致面试结果不尽人意。

（五）沉着冷静

有时候，面试官会突然提出一个出人意料的问题，旨在考验应聘者的应变能力和在面对压力时的智慧。在这种情况下，应聘者首先应当保持情绪的平稳，之后有条理地回答问题。

（六）开拓思维

在面试过程中，可能会出现一些不同寻常的问题，这些问题通常具有不确定性和任意性，这也为应聘者提供了发挥想象力和创造性思维的空间，只要充分利用自己掌握的知识阐述自己的见解，就很可能在面试中脱颖而出。

（七）投其所好

面试官也可能会因为应聘者的夸赞而对其产生好感。聪明的应聘者能够通过表彰面试官或招聘单位的方式，展现他们对该单位的浓厚兴趣，同时也可以赢得面试官们的青睐。

（八）避其锋芒

面试官常常会对应聘者不熟悉的地方提出一些具有挑战性的问题，比如询问他们在担任经理这一职位上太年轻的问题，然后让大学生个人谈谈看法？面对这样的考题，如果回答"不会""不见得吧"等，尽管回答本身并无错漏，但是语气不讨人喜欢，很难获得面试官的认可，需要尽可能柔和语气，以免被面试官反感，进而导致面试失败。

（九）有理有据

在面试的时候，应聘者需要对自己获得的成就以及掌握的能力做到以实际事例为依托，让面试官能够更直观地了解应聘者的具体表现。面试官坚信，事实的真相胜过华丽的词藻。若欲在面试中获得他人的信任，应聘者应运用诸如沟通技巧、问题解决能力、团队协作能力以及领导才干等方面的优秀素质，并以具体案例为佐证，方为上策。

（十）明确目标

许多大学生在制定个人职业发展规划时，往往缺乏明确的目标和清晰的思路。他们往往把找工作当成一件很轻松、简单的事情来做，很少有规划和思考的大学生，更不用说制定明确的职业生涯发展规划了。当被询问"未来五年的职业发展规划"时，许多大学生求职者会简单表达自己的期望，当面试官继续追问"为什么"时，应聘者通常会回答得语无伦次，莫名其妙，进而导致面试结果的不理想。如果大学生能够在面试中精准地规划自己的职业生涯目标和大致方案，并且这些目标与应聘职位完美契合，那么他们就能够获得理想的面试结果。

第四节 情境模式的应对指导

一、公文处理

公文处理测试也叫"文件筐"测试，它是对管理人员的潜在能力进行测定的有效方法，也是评价中心最重要的活动之一。

测试中，应聘者将扮演领导者的角色，并面对一堆来自不同部门的信函和文件，其中包括请示报告、备忘录、电话记录及其他材料，应聘者被要求在规定的时间内将这些公文处理完毕。这种测验可以很好地体现出候选人的组织、计划、协调、综合分析、判断、决策、分配工作的能力。

二、无领导小组讨论

在测评中心的技术中，通常会使用无领导小组讨论的方式进行评估。这种技术通过模拟现实情境，对多个考生进行群体面试。小组讨论评估指的是选取一定数量的考生组成一个小组（通常为5—7人），让他们在1小时的时间内讨论与工作相关的问题。在此过程中，不规定任何领导者，也未规定被测者的座位，而是任由考生自主组织和安排。评价者观察考生的组织协调能力、口头表达能力、说服能力等是否符合拟任岗位的要求，同时综合评估考生的个性特点，如自信程度、进取心、情绪稳定性和反应灵活性等，是否适合这个职位的团队氛围。最终，评价者会根据这些综合因素，评估出考生之间的不同之处。

大学生在遇到这种测试时，要敢于打破沉默，善于找到问题的实质和突破口，从而带动小组的气氛；在讨论过程中，要尊重其他组员，善于倾听他人的发言；如果有不同见解，要大胆提出，并争取说服大家同意自己的观点。遇到组员与自己分歧严重或主考官故意增加压力时，切勿焦躁甚至发脾气，要保持冷静，沉着应对。

第五节　求职礼仪指导

一、求职形象

很多用人单位在招聘时，其中70%的决定因素来自第一印象，也就是应试者的精神面貌和衣着打扮。应试者的形象对于找工作有很大的影响，无论其本人是否认可，雇主都会根据其外表来判断一个人。在许多面试中，主考官在前两分钟就能依据个人的形象做出取舍决定。形象的内容宽广而丰富，包括穿着、言行、举止、修养、生活方式和知识层次等。

（一）得体的着装

当进入面试现场后，面试官第一眼看到的是应试者的仪容装扮。第一印象在面试中是十分重要的，一张图片能够抵得上千言万语，看到的总比听到的印象更深刻。

1. 面试着装的四个原则

（1）找出自己的"旧"衣服。在面试当天穿崭新的衣服可不是明智之举，因为很可能让自己手足无措，反而曾经给过自己自信的"旧"衣服会让自己更加舒适和放松。

（2）一个人的穿着打扮让他看上去不像外人。着装要和去面试公司的员工的着装风格相似，所以最好提前到面试的公司去看看情况。

（3）穿着打扮符合自己申请的职位。比如，销售类要穿得干练而又有亲和力；会计类的穿着要精干沉稳。

（4）宁可正式，不可太随意。不管应聘什么职位，穿正装都不会出错，可以表示出自己对贵公司此次面试的重视。

2. 男士着装法则

（1）西服应选择剪裁得当，款式经典的西服，避免过于前卫的设计。黑色、灰色、深蓝色都可以，最好的颜色是纯色的，上面没有大的方格，大的条纹和类似的花纹。衣服的面料最好是易于打理又不易变形的。对于大多数学生身份的求职者来说，未必一定要穿西装，但不要穿运动装，只要服装整洁、得体，并能衬托出自己的朝气即可。

（2）衬衫的面料要选择挺括、优良的，以色调明朗、柔和为佳。白色的长袖衬衫是上上等，别的颜色的衬衫当然也可以，但要注意衬衫和西装的颜色搭配合适。衬衫要合身，面试前应熨平整理过，不能给人皱巴巴的感觉。

（3）着西装，领带尤为重要。一般要求领带与西装的颜色对比不要太强，领带上至少有一种主色与西装的主色相一致。传统的条纹、几何图案和佩斯利螺旋花纹都很不错，而且佩戴时必须干净、整洁、平整。

（4）皮鞋以黑色为宜，面试前要擦拭干净并上些鞋油，确保鞋子是完好的。皮带尽量不要选给人以攻击性感觉的尖头款式，方头系带的皮鞋是最佳选择。皮鞋和皮带尽量在颜色上保持一致。

（5）袜子是一个很容易被忽略的环节。许多应聘者通常都是穿着专门为他们准备的西服和鞋，最后却因为一双袜子而落败。穿西装时不要穿白色袜子，尤其是深色西装，一定要搭配同色系或深色的袜子，最好和鞋的颜色一致。袜子不宜太短，以袜口抵达小腿为宜。

（6）男性应减少配饰，尽量简洁，不要佩戴如项链、手链、耳环、鼻环等饰品，手表是可以接受的。戴眼镜，能够更好地使人感觉稳重、调和。

3.女士着装法则

（1）女士服装以朴素、得体的裙装或套装为宜，选择正装时以黑色、深蓝色、灰色等稳重的颜色为首选，以自己的"肤色属性"为前提。在寒冷的天气里，休闲装、晚礼服等稀奇古怪的衣服不要穿，像薄薄的纱裙、吊带裙就更不适合了。裙摆不要太短，坐下来，露出一部分小腿就可以了。

（2）配对的衬衫，其色彩与风格也应该以保守为主。避免选择透明面料的上装，也不要穿蕾丝花边或者是雪纺薄纱。

（3）确保鞋子的款式朴素，不花哨，颜色应与衣服相配。最好选择素面的中高跟皮鞋。夏日最好不要穿露出脚趾头的凉鞋或光脚穿凉鞋，更不宜将脚趾甲涂上颜色。

（4）穿裙装时袜子很重要，以肉色的丝袜最为雅致。穿着时注意拉直，否则会给人邋遢的感觉。另外，袜子要保证没有破洞，建议女性在包内多带一双备用袜子，以防万一。

（5）选包应和整个穿着搭配，不宜太大，中等和小型尺寸即可。如果有可能的话，最好是皮制的。手提包内，尽量把化妆品、笔、零碎的东西有条有理地收好。手里又提又拿容易给人凌乱急躁之感。

（6）不要戴太多配饰，不应戴手链。如果戴戒指，一个足矣，而且不要戴形状奇特的戒指，不要戴很大、很长的耳环，着装以简洁为宜。

（二）适度的打扮

妆容也是面试成功的手段之一。面试时，无论男女都要注意保持妆容的得体。妆容的最高境界就是"淡而自然""有妆若无妆"。

（1）发型要得体。作为男士，最好不要留长发或是光头。要注意打理发型，但不要在面试前一天去理发，以免看上去不够自然。面试当天要洗净头发，避免头屑留在头发或衣物上。切忌染发。而作为女性，不管长发还是短发，一定要清洗干净，梳理整齐。发型可根据衣服正确搭配，要善于利用视觉错觉来改变脸型。

（2）不要滥用香水。如果一定要用，男士可以用刮胡水作为男性香水的替代品，女士可以选择味道淡淡的类型，避免使用浓烈或味道怪异的香水。

（3）指甲要注意修剪，长长的指甲不可取。女士如果涂指甲油，要注意指甲油是否剥落。

（4）面试前不要吃大蒜、葱、韭菜等有异味的食物，更不要喝酒。烟民最好忍一下，如果有口气，可以嚼两片口香糖。

（5）面试当天早晨，要冲个淋浴，这样会让自己显得容光焕发，神采奕奕。

（三）重视细节

有牙垢或抽烟而使牙齿发黄的男士们，有必要在面试前一天去牙科清洗牙齿。洁白的牙齿会使自己看上去更健康向上。同时，男士不要忘记刮胡子，鼻毛长的人也要修剪。

二、面试礼仪

面试的过程虽然短暂，但完全能够体现出应聘者个人的修养和礼仪，一举手一投足，风度、气质自然体现。人的修养和礼仪固然是长期修养的结果，但只要用心，从细节上把握，也可以在短期内突击速成，以下几个方面要加以注意。

（一）守时

准时是一种对雇主的尊敬，所以早十至十五分钟到面试现场是最好的。早到半个小时则被认为是没有时间观念。绝对不能迟到，如果路程很长，最好早一点离开。但是提前到达之后，不能马上去公司，可以选择附近的一家咖啡馆或快餐店等候面试时间。

（二）面试从一进门就开始

很多公司的人力资源部经理都喜欢在应聘者没有准备、比较放松的状态下观察应聘者，因为这个时候更容易了解应聘者的真相。确切地说，面试不是从与面试官洽谈开始的，而是从应试者进入招聘单位的那一瞬间就开始了，因此从进入面试单位的那一刻起，应聘者就要注意自己的一举一动。

进入单位后，对遇到的每个人都要彬彬有礼；到达公司办公区后，最好是直接前往面试现场，而不是四处乱看，避免引起安保人员的注意；进入办公室前，把口香糖和香烟放好，因为大部分面试人员不能容忍员工在办公室里咀嚼口香糖或抽烟；在进门前，必须把手机关机或者开到震动状态；到达面试地点后在等候室耐心等待，并保持正确的坐姿；不要与别的面试者聊天；不要携带过多的物品，通常只带一个文件夹或文件包就可以了。

（三）敲门

自己的名字被喊到时，要回答"是"。此时，无论房间的门关上与否，都应轻轻敲门，听到回复后再进去。在进入房间后，把门轻轻关好，这个过程要保持自信的微笑。

（四）走姿

从门口走进去时，要注意走姿，一定要昂首挺胸，毫不犹豫地步入房间。站立时要保持身体直立，目视前方，肩平、双臂下垂，收腹、以腿并拢直立，脚尖分成V字形，不要卑躬屈膝，弯腰驼背，无精打采。

（五）问候

进入面试房间后，应问候考官，说"上午好""下午好""您好"。声音要足够洪亮，底气要足，语速自然，彬彬有礼而大方得体，不要过分殷勤、拘谨或谦让。

（六）握手

一般来说，合格的面试官会先伸手，这个时候被面试者应大方地伸出手。如果面试官未先伸出手，被面试者可以酌情考虑先伸手做握手礼，或采用鞠躬礼。这里需要说明的一点是，一般面试的时候，男士对男士的面试，建议采用握手礼，当男士碰到女面试官时，如果对方未伸手，一定采取鞠躬礼。如果是女性应聘者，假如面试官没有伸手，建议采用鞠躬礼。

握手时要注意两点：力度和时间。握手时，保证坚定有力是很重要的，因为这通常被视为自信的象征。相反，软弱的握手可能会给人留下缺乏自信，甚至不礼貌的印象。时间上，从两手接触、握牢后，只要上下小弧度挥动自己的前臂2—3下就可以了。

（七）坐姿

在面试官没邀请自己坐下之前，不要自己先坐下。当面试官让就座时，自己就座就是了，不必客套地说"您先坐"。

安静而平稳地落座，走近椅子，转过身，右脚向后移半步，安静而平稳地坐下来。女士坐下的时候，应用手轻轻地卷起自己的裙摆；男士应解开西装的扣子。坐在椅子上，上体保持站姿的基本姿势，头正目平，嘴微闭，面带微笑，双膝并拢，两脚平行，鞋尖持平，做到两腿自然弯曲，小腿基本与地面垂直。双脚可正放或侧放，并拢或交叠。女性应该将两个膝盖夹在一起，并且将两只手自然地屈曲放在自己的膝盖或者大腿上。如果是坐在带扶手的沙发上，男性可以把两只手放在两个扶手上，女性则最好只搭一边，这样才显得优雅。坐在椅子上的时候，通常只需占到椅子的三分之二，不能靠背，只有在休息的时候，才能轻轻地靠背。在站起来的时候，要右腿向后撤半步，利用小腿的力量来支撑自己的身体，同时要保持上身的直立。当然，也可以在坐的时候，上身和下身都是侧着的，面对着对方，摆出一个漂亮的"S"形；或者也可以在坐的时候，把双膝叠在一起，双脚一前一后落在地上，两只手轻轻地交叠在大腿上。不管是什么样的坐姿，最重要的是要自然、漂亮、大方，不能有僵硬的感觉。

（八）喝水

一般面试时，招待人员大多会给应试者用一次性杯子倒水，这些杯子比较轻，杯中的水更容易洒出来，因而要小心，不喝没关系，但一定要放得远一点，以免碰倒了。如果要喝，记得别发出声响。同时，当接待人员为自己倒水时，不要视若无睹，要注意致谢。

（九）保留空间

在面试过程中，考生与考官之间要有足够的距离，并要有足够的谈话空间。当人数较多时，招聘者通常会提前安排好面谈房间，以便让应聘者就座。在进入一个面试房间之后，不要随便移动固定的座椅。

（十）眼神

与面试官谈话时，不论内心多么紧张，也要望着面试官，不要低着头。注视一个人表明了对他的尊重和兴趣，是留给他人好印象的重要一步。如果是做演讲，眼睛要看着面前的听众。

（十一）谈吐

谈吐上应把握以下几点：首先，语言要概括、简练、有力，不能敷衍了事。其次，尽量减少虚词和感叹词的使用。要注重语言的逻辑性，要有层次，要有重点。不要使用省略句、方言、土话或口语。

（十二）聆听

对方在说话时一定要认真倾听，最好是边思考边听，不要轻易打断对方说话。轻微地点头表示自己完全明白，疑惑的眼神表明自己不理解。

（十三）避免小动作

抠耳朵、擦鼻子、剔牙、打喷嚏、清嗓子，这些都是很不礼貌的行为。应聘者应避免在面试中做出这些不礼貌的举动。就算你很难控制自己的喷嚏，也要在你打喷嚏后说"对不起"或"不好意思"。

（十四）递物大方

在申请工作时，求职者需要携带简历、身份证明以及可能的介绍信或推荐信。当送出这些东西时，应该非常谦虚地递出，并表示感激。

（十五）把握最重要的最后两分钟

"编筐编篓，全在收口。"在面试收尾阶段，应试人最重要的就是创造时机、抓住时机，充满自信地重申一下自己的任职资格。自己可以勇敢地说出这句话："老师，请问一下自己最晚什么时候能接到回音？"这样的勇敢也许会打动面试官。

三、求职后续礼仪

在面试的最后，不管结果是好是坏，都应该以礼相待，以平常的心态来对待雇主。首先要感谢雇主的人事部经理在百忙之中抽空来见自己，并表达希望能有机会和他进一步进行面谈的愿望，之后可以用握手的方式道别。比如，说些"感谢给予面试机会，如果能有幸进入贵单位服务，一定会努力工作"的话。这样一来，不仅和各部门的领导们维持着良好的关系，而且还显示出了自己在处理人际关系方面的出色能力。同时让面试官产生"回味",然后转身轻轻地走出面试室,再轻轻将门关上。这些举动可能会让考官记住自己的名字。

在面试结束后的 24 小时内,给招聘人员发出书面感谢信,体现出职业修养和专业精神。这样,面试过程才算是真正结束了。很多求职者非常注重面试前准备、面试进行环节,却往往忽视面试结束后的跟进和总结。面试结束并不意味着求职结束,为加深招聘人员对自己的印象,给面试成功注入更多能量,同时从也许会遭遇失败的面试中获取经验,求职者在面试结束后,还要注意以下环节。

(一)感谢信

感谢信的投寄是求职者富有责任感和感恩心的反映,尤其对于没有得到确定答复的求职者而言。面试结束后,无论成功与否,作为一个素养良好的求职者,都应该在第一时间(尽量在面试结束后的 24 小时内)发一封感谢信给所有参与面试的人员,表示感谢并重申自己对这份工作的热忱和自己在这份工作上的优势、特色所在。每个公司在集中面试阶段,一天下来接待的面试人员非常多,情真意切、及时有效的感谢信可以充分唤起对方的记忆,并延长他们的记忆周期。美国管理学家艾德·布利斯将面试之后不写感谢信描述为"在工作面试中的十大错误之一"。求职者如果面试成功了,这封感谢信能够在上司或同事中留下礼貌、专业、成熟的深刻印象;面试失败,虽然和这家公司毫无关系了,但是求职者认真地完成面试所有环节,也许机遇潜藏在其中。

感谢信的内容主要包括以下几项。

(1)感谢。感谢信开头应介绍姓名、简单情况,以及面试时间(恢复对方的记忆),然后对其面试中的指导表示感谢。

(2)消除疑虑。面试中由于紧张,可能没有正常发挥,如语言不当,或者现场回答的问题不妥当,通过措辞良好的感谢信来解释和说明,进一步取得对方的信任。

(3)强调自己对这份工作的热诚和期待,希望建立长期关系。与求职信一样,感谢信要求内容简洁,尽量不超过一页纸。

(二)分析总结

面试后的分析总结需要反思自己在面试中的表现,从而积累经验,提高自己的面试能力。每次面试完后要问自己以下几个问题:

（1）面试过程中自己所回答的哪些内容引起了面试官的兴趣或肯定？

（2）哪些环节面试官对自己有所怀疑？

（3）在自我介绍以及整个流程中是否充分表述了自己拥有目标岗位的资质、能力及潜力？

（4）自己在面试刚开始时是否因为太过紧张，表达有些混乱，肢体显得僵硬？

（5）自己表明自己对这份工作的期待，对公司文化和氛围的认同、热爱了吗？

（6）哪些问题让自己在现场难以应答？

（7）面试官给了自己哪些建议？

（8）这是最出色的自己吗？成功推销自己了吗？

（9）如果下次还有面试，哪些地方是自己要改进的？自己该加强哪些方面？

第六章　大学生职业适应和发展指导

"大学生职业生涯适应力的提升对其未来就业和职业发展有着重要意义。就业市场入职匹配度不高、大学生生涯规划意识不强及科学的就业观没有完全确立是大学生职业生涯适应力提升过程中面临的几大问题。"[1] 本章介绍了学生职业适应和发展指导，主要从四个方面进行了阐述，依次是大学生职业适应和角色转变、大学生适应职场新氛围、大学生提高职业适应力、大学生职业发展指导。

第一节　大学生职业适应和角色转变

一、职业适应的含义

职业适应又被称为"工作适应"，它是人们在工作中面对工作所产生的一系列心理过程。它包括个人对工作环境、工作任务、工作活动的适应性，对自己的行为、新的工作需求的适应性。具体而言，就是人在工作和生活的环境中，按照职业工作总体性质的外部要求，评估自己的身心系统，自我调整自己的专业行为，并力求使行为和内心相一致的心理过程。它具体包含了人对工作环境和专业行为准则的同化与适应，对专业工作价值和职业生活意义的评估，对自身工作能力、工作状态和工作压力的体验与认知。职业适应并非单纯对工作环境的一种应答，而是个体心理发展程度的一种综合体现。

从实际情况来看，并非每个人都能胜任任何一种工作，甚至有些人在接受了专业训练之后，还不能很好地适应新的工作。人的职业适应性包含着两个层面：一是个人的人格特质与自己的职业相匹配；二是特定职业行为的特性，它会对个

---

[1] 马文喆.探析独立学院大学生职业生涯适应力的提升策略[J].就业与保障，2023（07）：70-72.

体的人格特质和发展产生作用。从整体上看，大学生的职业适应是以人为中心的。然而，职业对人的影响是相反的，不同的工种、不同的技能及不断的变化，都需要人的配合和适应。人与专业有其相容和不相容之处，只有通过不断地磨合，才能使二者达到协调和统一。因此，在实践中培养和强化与职业活动相适应的个性特征，在就业竞争和职业适应中显得十分重要。

二、培养社会角色意识

（一）培养角色意识

不同的工作岗位，给劳动者的责任也是不一样的，大学生从校园走入社会，他们的角色就会改变，他们的义务、责任和权利也会改变，因此，大学生在踏入职业社会之前，必须对自己的角色有一个新的认识。因为校园生活比较单调，再加上青年人喜欢幻想，以及通过各种传播途径所表达的社会理想模式，在某种程度上提高了学生对社会的期望值，所以经常会导致某些毕业生对新环境的低估，他们不能正确地面对社会现实，正确地处理好各种矛盾，按照社会角色的标准来要求自己。大学生心理状态不稳定，更易出现心理失衡，进而影响自身发展。所以，要对自己所承担的角色有一个正确的认知，并做好心理准备，就显得尤为重要。

在面对所要担当的角色时，除了要有足够的认知和心理上的准备之外，也要适当地评估自己的实际担当能力。因为每一个人的身心素质、生活阅历、适应能力都不一样，所以，要对自己的业务专长、性格特点、身体状况、处事态度等有一个比较客观的了解。当这些评估结果与新的角色有所出入时，就需要对其做出相应的调整和训练，使之符合新的角色需要。

（二）明晰角色期望

每个行业都有其独特的职责和规范。每个人都应该对自己的职业充满责任感和使命感，在了解工作要求和期望的基础上，履行自己的职责，维护职业道德。

刚刚进入工作岗位的大学生，应当小心谨慎，要尊敬同事，不管是对老人还是对年轻人，是上司还是下属，都要抱着一种以人为师的心态，因为他们可能已经在这个工作岗位上工作了很多年，或者已经先于己人，他们在各个领域的实践经验都要比自己丰富得多，千万不要让人觉得自己很肤浅。想要获得同事的信赖，想要获得他们的帮助和支持，就必须从一些小事开始，从自己的工作岗位开始，要不怕脏、不怕累，要主动承担一些脏活累活。

眼高于顶、心比天高、不务正业的人，在实际生活中是做不好任何事情的。刚进入社会的应届毕业生，必须认识到自己所处的社会及身边人的特征，理解自己所扮演的角色，并注意别人如何评价自己。比如，机关职员在工作中，他们更偏爱安静的环境，说话也更严肃，而水手们却都很直率，这都是因为他们的工作性质和环境，以及他们的工作环境和文化的不同造成的。但是不管在哪个职位上，都要按照这个职位的要求，努力实现这个职位的期望。

（三）实现角色转换

个体在社会中所处的地位，会随其所处的社会环境、所处的地位而改变。大学生通过角色的转变，以适应新的环境，走向工作岗位，步入社会，其角色也随之改变，因此，大学生需根据社会和工作岗位对自身的要求，对自己进行重塑。

刚步入社会的大学生，常常因为年龄、知识、阅历、能力和社会经验的限制，在面对各种复杂问题的时候，会有一种无能为力的感觉。一些大学生因为对自身的经济、生活很长一段时间都依赖家人，一旦遇到特定的问题，就无法摆脱这种依赖性。所以，在踏入社会之前，我们应该自觉地去接触和认识这个世界，并培养一些必备的心理品质，调节自己的行为，以增强自己的适应性。

总而言之，要想成功适用新角色，需要一个从感性到理性的过程。在进入社会之前，要做好充分的准备工作，并在踏入社会之后，通过观察和实践，让自己变得更好，更好地发挥自己的能力。在现实生活中，角色的适应过程是比较复杂的，但是在日常生活中，如果能够注重自身修养，对自己进行严格要求，那么完全可以胜任所担任的新角色。

三、初入职场可能面临的问题

（一）对学生角色的依恋

大学毕业生在角色转变中，存在着对学生身份的依附，产生了"乡愁"。在十多年的学习生活中，大学生对学生角色的体会可以说是十分深刻了，学生生活让每一名学生在学习、生活和思维方式上都形成了一种比较固定的习惯。所以，在事业刚起步时，很多人都会有意无意地将自己放在一个学生角色中，用自己的社会责任和社会准则来要求自己，对待工作，用自己的习惯性思维来待人接物，用自己的观察来分析事情。

（二）对职业角色的畏惧

有些大学生在刚刚进入新的工作环境的时候，不知道自己的工作应该从哪里开始，也不知道该怎样去处理。他们在工作中总是畏首畏尾，害怕承担责任，害怕出事故，害怕闹笑话，害怕造成不良影响。所以在工作中，总是提心吊胆，畏首畏尾，缺少了年轻人的活力。

（三）主观思想上的自傲

有些毕业生对人才的认识并不全面，也不精确，他们觉得自己受过较为系统、正规的高等教育，获得了学位，获得了知识，就已经算是较高水平的人才了，所以，他们常常瞧不起基层的工作和基层工作人员，甚至觉得让一个大学生去做一些微不足道的工作，是大材小用，有损自己的形象。所以，他们对工作不屑一顾，眼高手低。

（四）客观作风上的浮躁

有些人由于在角色转变中受到社会环境的影响，出现了好高骛远的浮躁作风、情绪不稳定等现象。一会儿想做这件事，一会儿想做那件事，没有对工作的性质、工作的责任和工作的技能进行深入的研究。最近几年，有些大学生在工作了很久之后，仍然无法平复心情，无法进入工作状态，又觉得工作单位有问题，找不到合适的工作岗位，因此，现在进行调换工作的人越来越多。其实，一个人如果不能沉得住气，不能脚踏实地地学，就不能胜任任何一个单位的工作。

四、角色转换的原则

（一）热爱本职工作，甘于吃苦

热爱自己的工作，肯吃苦，是大学生向职业角色转变的前提。刚步入社会的大学生，应该尽早摆脱学生生活，投身于社会。如果在适应后数月乃至一年后，仍无法平静下来，不但不利于角色的转变，还会影响职业兴趣的发展，以及工作成果的获得。肯吃苦，是转变角色的关键。只有肯吃苦的人，才能更好地适应自己的工作，才能更好地进入自己的角色，完成自己的角色转变。

（二）虚心学习，提高能力

虚心求教，不断提升自己的能力，是转变自己角色的一个重要途径。因为一个人在学校里所学到的东西比较少，再加上他在学校里所学到的东西毕竟和工作单位有所区别，特别是在当今科技的发展和进步下，新的知识和技能层出不穷，许多知识和技能都要通过实际工作去学习，去锻炼，去提高。尽管大学生在学校里学习到了很多知识和技巧，但是他们在一个崭新的职业面前，还是要像小学生一样，从零开始学习，虚心地向那些有丰富工作经验的技术人员、领导、师傅、同事学习，学习他们观察问题、分析问题和解决问题的方法和技巧，让自己的专业知识更加充实，从而提升自己的专业水平，让自己的工作更加完美，更快地转变自己的角色。

（三）善于观察，勤于思考

敏锐的观察力、洞察力和思维能力，为转变角色提供了良好的保证。当大学生们在进入自己的职业角色之后，他们必须善于观察，勤于思考，这样才可以发现问题，然后利用自己所学到的知识，尽力去解决这些问题，从而可以真正地探索到职业角色的内在结构，获得第一手的信息。也只有勤于思考，在工作中才会有自己的独立见解，逐渐具备独立开展工作的能力，更好地担当起角色职责。

（四）勇挑重担，乐于奉献

勇于承担责任，愿意付出，是转变角色的关键。当大学毕业生走上工作岗位后，应该从一开始就对自己进行严格要求，树立主人翁意识，增强社会责任感，培养无私奉献精神，任劳任怨，不计较个人得失，积极承担岗位职责，积极适应工作环境，从而促进自己更好、更快地完成角色转变。

五、角色转换的对策

（一）加强调适，适应角色转换

当毕业生步入职场，他们将从学生一族转变为工作人群。他们不再只是受教育者，而是变成了教育和管理他人的角色。随着他们逐渐转变为自给自足的生产者，他们的生活和工作方式也会逐步变得更加独立和自主。

大学生是社会的一分子，他们拥有成人权，必须承担成人责任。要尽快摆脱昔日在校园里天真无忧的生活态度，用务实的生活态度、实惠的消费行为、合理的时间支配、高效的工作作风、积极的精神面貌，勇于投身新的生活。要强化心理调节能力，树立正确的职业心理、劳动心理、道德心理，让其与自身的社会角色互相配合、互相促进，尽可能地缩短角色转变和心理调适期。

（二）搞好关系，尽快适应社会

在一个群体中，要想更好地发挥个体的作用，需要在群体中保持最大程度的心理与行为的协调与统一，构建和谐的人际关系。对于一个刚步入职场的大学生来说，从一个比较清净的学校，忽然进入了一个复杂的社会，出现无所适从的表现也是不可避免的。社会并非一片真空，人类无法独立生存。

在工作中要有人支持，在生活中要有人帮忙，在行动中要有人理解。在此期间，特别要注意人际的融洽，要有良好的初次印象，要主动融入社会。在对待别人的时候，要做到平等、互助、尊敬别人，做人要有礼貌、宽容、自律。要掌握与人相处的艺术，比如，对上司要服从，但不盲目地从他，为人要规规矩矩，但不能太过拘谨，上班早到下班晚退，与人相处时要保持和谐、面带微笑，要学会忍让与坚持原则的统一等。

（三）加强学习，增强适应能力

年轻的学生经常会对现实的估计以及对自我的设计太过理想化，在进入社会之后，很容易产生个人的主观意愿与现实状况之间的矛盾。为了防止这种误解，我们应该在踏入社会之前，不断地学习，不断地提升自己对国家、社会状况的了解。伴随着时代的进步，社会对人才质量的需求也在不断提高，除了具有一定专业特性的能力之外，毕业生还需要具有一定的其他能力，比如组织管理能力、决策能力、协调能力、语言文字能力、创新能力、交际能力等。

（四）确立目标，脚踏实地奋斗

大学毕业生步入社会，踏上了他们生命历程中一个新的阶段。祖国的光明前途与生活的光明前景已在眼前展开。但是，成功的道路是不会一帆风顺的，只有在确定了合适的目标后，经过长时间的努力，才会取得成功。

1. 目标要合适

确立的目标，不仅要有一个明确的定位，而且要具有一定的可行性。一个人的目标太过狭隘，容易被眼前的利益所迷惑，无法向前迈进一步；一个人的目标太高了，他的情绪就会变得急躁，遇到一点小挫折就会被打倒。

2. 要脚踏实地

对于应届毕业生来说，工作态度是一种务实的态度。要把各项工作做好，一要一步一个脚印，坚持到底；二要勤勉刻苦，坚持不懈；三要从大处着眼，从小处着手；四要一丝不苟，追求完美；五要在工作中总结和改进。

总而言之，与学校相比，社会是一个不信任"期货"，没有"补考"的现实社会，必须尽早地实现由学生向社会人员的转换。

第二节　大学生适应职场新氛围

一、树立良好的个人形象

很少有人能否定一个人在社会上留下好印象的重要性。个人形象的含义很广，它包含了外貌仪表和言谈举止，简单地说，就是一个人的长相，说话的方式，还有待人接物的方式。大学毕业生第一次走上工作岗位，必须学会"照镜子"，即提前知道怎样才能获得一个好的形象。在这个过程中，最起码要注意两点：一是要注重自己的形象与身体语言；二是要知道自己的优势和弱点，要知道如何塑造好自己的形象。

外貌和身体语言，尽管比较肤浅，比较主观，但对第一印象来说，却是最重要的。刚入社会的大学生，在穿着上要讲究，最重要的是要与自己的专业、个人特色相适应。

不管是什么行业，在工作性质允许的情况下，脸部的化妆都要做好，稍微化个淡妆，会让人看起来更精神。服装方面也是一样，尽量不要穿太过幼稚的衣服，而是要挑选一套适合自己的职业套装，这样才能让自己看起来更有气质。总的来说，成熟、稳重、大方是最符合工作环境的不变原则。此外，除了注重外在表现外，也要注重身体语言。比如，要经常笑，而且要笑得发自肺腑。别总是板着一张脸，那样只会让别人感觉到自己很难靠近，影响他人对自己的第一感受。

对自身优势和劣势的准确认识，是维持自我形象的决定性因素。外表和举止是外在的，不能完全反映出个人形象，而人格因素是个人形象中很重要的内部因素。尽管一个人的性格特征在短期内难以发生显著变化，但我们可以通过认识到自己的长处和短处，尽量将自己的长处展示出来，并用长处来弥补自身的不足，这样就可以在与别人的交往过程中，展示出最优的自我形象。

二、建立和谐的人际关系

身为一名社会人，每个人并不是完全的孤立和封闭，无时无刻都有与他人接触和相处的机会，尤其是大学生，一旦离开了学校，步入了职业社会，这种情况就更加明显了。很多新工作人员，或者是工作了几年的专业人士都意识到，在一个庞大的社会里，光是做好自己的本职工作，并不能起到太大的作用，与其盲目地工作，还不如和身边的人进行沟通和交流。

在工作中，很多刚毕业的大学生在面对人际关系时，都会感到迷茫和烦恼。

比如，在面对领导时应该如何表现，如何应对，在与同事的言语行为接触中有什么忌讳和规则。

其实，人际关系再复杂，只要掌握了一些为人处世的准则，人际关系就会变得非常简单。美国著名的人际关系学大师卡耐基曾提出有关人际交往的重要法则：

（一）互惠互利

所谓的互惠互利，并不意味着和别人的交往都是带着功利性和目的性的，它提醒我们在与人交往的时候，要始终保持着一颗感恩的心，要知道对别人表达出自己的善意。只有这样，才能得到别人的尊敬，也才能得到别人的好感。人与人之间的关系，以互惠为基础。

（二）记住他人的名字

其中一种很实际很高效的方式就是记住别人的名字。其实，一个人能不能记住别人的名字或者脸，也正是一个人能不能得到别人尊敬和看重的一个考验。有些时候，不是记性不好，只是没有用心对待。在步入工作岗位之后，应届毕业生需要在第一时间内记住身边同事、领导的名字和面孔，这不仅可以避免在第一次见面时，因为不知道该怎么处理而造成的窘迫，还可以给别人一种自己很亲切的感觉，为构建融洽的人际关系奠定坚实的基础。

（三）学会真诚地赞美别人

如果你希望在社交圈子里获得一个好印象，你应该学习在适当的时间用适当的方法去赞美别人。所谓适当，就是要诚恳，发自内心。毕业生在刚进入工作单位时，更多时候可能会遇到这样的情况：羞于大胆地称赞他人，害怕别人质疑自己的动机，又或者因为难以发现他人的优点而不愿做表面工作。其实无需担心什么，只需知道与人交流时放低身段，便能轻易看出对方的优点，并由衷赞赏。

（四）做一名好听众

成为一个好的倾听者，也是获得良好人际关系中一个重要的因素。与人相处，不仅要学会说，更要学会倾听，因为每个人都希望将自己的想法与情感表达出来，并且获得他人的理解与支持。作为一名新入职场的人，更应该学会倾听他人的声音，特别是与领导、同事交流的时候。

（五）微笑具有神奇的力量

微笑的力量，我们都很清楚，这看起来很简单，却不是谁都能在日常生活中保持微笑的。有些应届生可能觉得自己性格内向、谨小慎微，并不善于快速适应一个陌生的环境。事实上，一个真正的微笑并不是多么困难的事情，就像是一句赞美的话，只有真心才能博得对方的好感。

总而言之，初入新环境的大学生，应该积极主动地与人交往，避免独来独往，沉默寡言，这不仅不利于自己快速适应新环境，还会影响领导、同事对自己的认识。

三、有效疏导职场压力

任何一个刚踏入社会的学生，都不可能没有压力，只有在适当的压力下，才能不断地进步。但是，如果压力太大，得不到缓解，就很可能会产生各种情绪上的问题。如果在工作中有了不好的情绪，就会对自己的未来发展造成很大的影响。所以，大学生走上工作岗位后，如果感觉到了各种不适，就应该采取相应的对策来缓解，而不是逃避。找到一个好的释放压力的方法，可以帮助自己释放因压力而产生的负面情绪。

（一）自我放松

缓解压力的一种方式是自我放松。当你的精神压力太大的时候，你可以尝试着给自己一些时间来放松。有很多种方式来放松，比如深呼吸、慢跑、听音乐，或者睡觉。比如，每天晚上在工作之余，花一点时间记录一下自己今日的状态，进行自我反思和鼓励，将不良情绪转化为明天继续奋斗的动力。睡觉之前，可以先听听舒缓的轻音乐，也可以选择自己喜欢的音乐。在床头放一本自己喜爱的书，既能助眠，又能将一天工作中的烦恼抛之脑后。

（二）倾诉

倾诉也不失为缓解压力的好方式。当无法控制自己的情绪时，可以将自己的情绪和烦恼写在纸上，这个过程能让自己平静下来，并意识到自己的问题所在。除了可以向自己倾诉，也可以向周围的朋友或者亲人倾诉，这样可以及时地缓解自己的不良情绪，也能得到他人的情感支持。

所以，在工作压力大的时候，千万别将自己闭塞起来，向好友倾诉常常可以成为一个释放自己压力的良药。

（三）寻找压力源

放松、倾诉都是缓解压力的有效方式，但更多的还是要从根源上找出问题，即找到压力源，转变认知。压力源的产生既有外部环境因素，也有个人主观认知偏差。比如，一个完美主义者，他们对别人和自己都有很高的要求，当事物没有达到他们自身的要求时，就会产生负面情绪。而负面论者，由于难以看到事情的多面性，往往只看到最坏的情况，所以也更容易被情绪所左右。其实，凡事没有绝对的好坏之分，只要你能认清现实，把负面的想法转变成正面的想法，那些造成压力的原因就会自然而然地消失。在同样的境遇下，我们只要换一种新的角度或有利视角，借力使力，更好地发挥潜能，就能不断超越，提升自身。

第三节 大学生提高职业适应力

一、影响职业适应力的因素

其实，造成目前高校毕业生就业难的成因并非单方因素，而是一种社会因素和大学生自身因素共同作用的结果。社会方面的原因要靠整个社会的力量加以改进，学生自身方面的问题要靠大学生自己去寻找和解决。因此，要想改善就业现状，对大学生而言，首先要了解是什么原因造成了自己职业适应上的问题，并要积极地解决。从总体上看，大学生在工作适应性上存在的问题有六个：定位问题、心态问题、经验问题、风险问题、待遇问题、声望问题。

（一）定位因素

就业定位深刻地影响着大学生的就业水平和职业适应。例如，一名南部地区的毕业生号召组织"薪资联盟"，反对雇主降低工资水平，拒绝签订一个月2500元以下的就业协议；同时，东北地区的一名大学生，为了能够挤入自己"梦寐以求"的工作岗位，主动提出了"零工资就业"，也就是试用期不要工资，通过考核认可后，再与公司建立劳动关系。这是两种完全对立的现象，也折射出当今大学生在选择工作时所面临的问题。前者是一种不切实际的一厢情愿，对社会现实的判断能力不足，不能适应形势的变化，不能及时地调整自己的心态。这样的话，即便以后踏入了工作岗位，他们的期望和优越感也会对他们的工作适应能力产生影响。而零工资就业，看起来太过被动，太过消极，这也是对自己职业定位的偏差，并不是一味地谦卑，就一定能在工作中获得更好的待遇。

（二）心态因素

心情浮躁而影响工作，对许多有经验有成就的人或者是在工作岗位上摸爬滚打了好几年的人而言，这种想法是不现实的。然而，因为大部分的大学生没有经过社会的考验，所以他们很容易变得浮躁。一方面，他们总是在想自己能够从社会和工作中获得些什么，却很少去想自己能够为别人和集体做出什么样的贡献。另一方面，许多大学生在找工作的时候，都有一种"骑驴找马"的想法，他们总想着能不能找到一份工作,然后再去找一份更好的工作,所以他们在找工作的时候,难免会产生一种不稳定的情绪,从而导致他们工作的不稳定。这些心理上的偏差,都会影响到用人单位对大学生的评价,导致大学生的就业情况越来越不乐观。

(三)经验因素

另外一个导致大学生就业不顺利的重要原因是他们的工作经验不足。从现在很多公司的招聘信息来看,"有工作经验"是很多公司很看重的一条。而没有工作经验的大学生,公司则要耗费大量的人力、物力、财力去培训,而且还要担心培训结束后,人才会流失。有些时候,培养的资本远远高于短时间内毕业生能够为单位所提供的价值。正是由于这样的考量,造成了用人单位对人才的需求与大学生自身工作经验的欠缺之间的矛盾,从而导致大学生的就业出现问题。

总体而言,在目前的就业社会环境中,大学生们已不再像以前那样"光芒四射"。大学生在就业过程中,由于其自身和社会两个方面的原因,导致其在各方面都存在着一定程度的不适应。如果想要从根源上解决当前的就业难题,顺利成功地实现社会角色的转变,就必须从自身找出问题的根源,并积极地加以解决,从而提高自己的职业适应能力。

(四)风险因素

工作安定性反映了当前高校毕业生的一种矛盾心理,即他们既想要"就业",又希望自己的"饭碗"稳固。刚毕业的大学生拥有一股敢闯敢做的劲头,这是创业所需要的,对他们的能力和意志都是一种锻炼,具有促进作用。但同时也能看出,这个风险并不是单纯地冒险,它是有条件的,不满足"稳定"这个条件,他们就会更加在意工作的环境、工作的性质等。

(五)待遇因素

当前,高校毕业生对经济待遇的重视程度越来越高,生存条件的优劣已经成为大部分大学生职业适应的关键因素。刚刚走出校门的学生,在物质生活方面可能面临一些挑战。一踏入社会,他们首先要面对的是生活问题。只有当生活的问题得到了解决,他们才能有更好地发展。现代社会是一个开放的、流动的社会,经济发展水平的提高不仅为人才流动提供了物质保证，而且也为人才的进一步发展创造了条件。

（六）声望因素

随着时代的发展，"一锤定终生"的观念已经发生了变化。由于各种原因，大学生可能无法在短时间内找到最合适的工作，但他们通常会选择一份相对稳定且有较高声誉的工作。这表明，在大学生的职业价值观中，仍然存在着传统思想的影响，这也反映了我国社会仍处在转型阶段。他们对专业的性质和前景非常感兴趣，具有强烈的竞争意识和独立性，希望专业能与自己的利益和爱好相一致，同时也非常关注专业的声誉和薪酬。这种现象在一些重点高校和经济发达地区的高校学生中尤为明显。因此，我们应该理解并尊重每个人的选择，同时也要鼓励他们在面对压力时保持积极的态度，以实现自我价值和职业目标。

二、提升职业适应力的方法

众所周知，一个人的职业适应能力并不是与生俱来的，而是一个人的天赋，也是一个人在工作中积累下来的经验。在个人天赋方面，每一种性格特征都有自己独有的优点和缺点，并不是简单的外向型就一定比内向型更好，或者是独立型人格就一定比依赖型人格更好。更重要的是，在实践中要讲究学习方式和工作方式，不断提高自己，逐渐适应新的工作环境。有关学者通过分析影响大学生职业适应性的主要因素，认为调整心理状态和加强实践锻炼可以提高大学生的职业适应性。

（一）调整心态，积极应对

通常来说，刚刚参加工作的大学毕业生，他们所从事的工作都属于比较基础的工作，这与自己心中的理想相比，有着很大的差距。所以，要做好充足的心理准备，一方面要锻炼自己的抗压能力，另一方面要学会以一种合适的心态去面对新的环境。

应对压力的最佳方法，就是在日常工作中，尽可能地熟悉自己的工作，在枯燥乏味的工作中，寻求快乐，尝试创新。若职场中的人们在日常工作中热情不减，业绩出众，只要有毅力，就一定能披荆斩棘，取得丰硕的成果。

在工作中,除了要以一种积极的态度面对压力之外,还必须有一颗稳定而积极向上的心。第一,面对无聊的工作,要有一个良好的精神状态。许多新员工刚进公司时,都是以一种大学生的心态来看待公司,他们不满意公司的现状,不能接受公司的"规矩",也不能耐着性子适应。事实上,每一家公司都有自己的优点和缺点,最关键的是要学会去适应新的环境,让自己能够更快地融入公司,在对公司进行深入了解之后,才能找到自己所处的位置。第二,在与他人沟通交流时,要保持一颗虚心向他人学习的心。作为一名新入职场的人,在面对上司时,要尽量用一种从别人身上学到东西的心态去与人交流。切忌心浮气躁,也不可骄傲自大,要多向别人学习,以弥补自身的不足。第三,在遇到挫折和低谷的时候,要保持积极的态度。没有人的工作经验是手到擒来的,尤其是刚从学校里走出来的学生,更是要多经历一些坎坷,多经历一些风雨,才能在今后的工作中取得更好的成绩。

(二)加强实践经验

事实上,很多公司都认为工作经历比教育背景更重要。其实,不管是在校或走上工作岗位,大学生都有很多机会可以获得实际工作经验。

一方面,大学生实习是一座很好的桥梁,可以让我们更好地认识到自己所处的社会和自己所处的行业,也可以让我们在实践中拓宽自己的眼界,增加自己的知识储备,从而为将来走上社会奠定坚实基础。大学生在大学期间的实习,是他们走上工作岗位的首要步骤。所以,大学生们必须严肃地对待实习期,不能认为它和实际的工作没有多大关系就敷衍了事。实际上,许多企业在招人的时候,都会先了解一下你在学校里有没有实习,有没有社会实践,有没有学到什么。与此同时,毕业生们也可以对自己的实习经验进行总结,从而意识到自己在哪些实践领域中还不够成熟,需要进行弥补,这无疑会让他们更好地为真正的职场生活做好准备。

另一方面,在日常工作中,从细微处着手,也是一种增长工作经历的好方法。许多大学生在毕业前没有一份社会工作的经历,他们可以说是把自己封闭在一个与外界隔绝的真空室内,这无疑会影响到公司在招聘时对他们的印象。所以,在踏入社会之前,大学生应该自觉积极地对社会环境进行了解,多进行一些尝试,获得更多的经验,这样对自己未来的职业发展也会有更大的帮助。在课余时间里,可以多走入社会，用应聘和就职临时工作岗位的方式加强实践经验。一方面，可以对应聘的场景和要求有更多的了解，对自己的应变能力进行锻炼。另一方面，可以在见习的过程中，多跟有工作经验的同事们学习，对自己的工作能力进行磨炼。在寻找实习机会的时候，不能只看薪资待遇和工作环境，因为实习的过程更是一种自我锻炼的过程，而不是一份决定终身发展的工作。

每一个大学生在踏入职场社会后，首先要面临的一个重要问题就是，怎样才能让自己更快更好地适应工作环境。

相反，如果一个人在职场中的适应过程出了什么问题，那可就不只影响一份工作那么简单了，还会影响到他的生活。所以，大学生应该做好心理上的准备，做好行为上的准备，在大学生活中有意识地进行自我的职业适应性训练，为未来的职业生涯打下坚实基础。

第四节　大学生职业发展指导

个人的职业生涯并非一成不变，而是一种逐步发展的过程，即个人在自己的专业领域内进行学习和提高。在职业生涯的发展过程中，个人只有不断地学习，才能获得生涯的平稳发展；要加强对自身事业发展的自我规划，使自己的事业发展具有正确的方向。

一、职业发展方法

（一）职业成功的因素

真正得到一份理想的工作、成就一番事业，是多种因素相互作用的结果。我国学者对职业生涯进行研究发现，职业生涯成功至少由四个要素构成，分别是：先天因素，后天学习，职业决策，人际／才能决策。事业上的成功，就是这几个因素互相促进、互相影响的结果。当然，在人生发展的不同阶段，各类因素可能发挥着不同的作用。

1. 先天因素

所谓先天因素，主要指个体出生时受之于父母的遗传素质，也是人一生中最为恒定的因素。它是一个人与生俱来的天赋，让他们对某些事一学就会，而那些不具备这种天赋的人在从事同样工作的时候，就感觉困难得多。当然，遗传在提供先天天赋的同时，也会让自身在其他方面受到一些束缚。最新研究表明，在成功公式中，遗传因素是一个恒定值，然而，遗传特征却拥有一种动态的性质，不是固定不变的。由此可见，父母授之于我们的优势，并不是单一的，而是多种因素的结合体，关键在于我们后天如何利用、如何激活。

2. 后天学习

所谓后天学习，就是人在整个人生过程中所进行的正规的、非正规的学习，它是促进一个人在事业上取得成功的最有力手段。人这一生，天赋只是一个方面，真正想要成就事业，必须得靠后天打拼。因此，只有不断学习、勤奋打拼，才可能占据事业最高峰。人的知识绝不可单纯依靠天资，必须注重后天的教育和学习。

3. 职业决策

职业决策是指一个人对自己的工作类型、方向的选择和决定。这是一个人真实地走进社会生活的一项重要活动，也是一个人生命中最重要的一环。我们应该关注职业选择对个体成就的作用。很多人在第一次进入工作岗位的时候，他们的水准或许相差无几，但是由于他们所处的工作环境不同，在事业上的成就也会大相径庭。总之，一个人在事业上的正确抉择，可以使他的个人事业成就倍增，这也是他事业成败的决定性因素。

4. 人际/人才决策

人际/人才决策表现为人与人之间的沟通，包括思想、情感和知识等信息的交流与传播，主要通过言语、表情、手势、体态以及社交等因素来实现，主要表现为人际间的交往和对人才的决策两个方面。就大多数人而言，大学期间的交往与决策尤为重要，对今后人生的成功能起到关键性作用。一般而言，读书时人际关系处理得当，步入社会后，对职场关系的处理同样灵活。

进入社会，达到一定高度，成为一个部门负责人，自己的人才决策便成了决定部门工作绩效的关键因素。随着肩膀上的担子一天比一天重，从一个部门到一个公司，风险也一天比一天大。需要本人在公司中运用自己创建的团队，对公司进行控制，并发挥影响力。随着从部门经理升到总经理、董事长，人才决策逐渐成为自己最大的挑战和最大的机遇。

当然，除了上述四大关键作用之外，个人的奋斗与努力必不可少，包括进取心、责任心、自信力、自我认知和自我调节能力等，当然，还少不了一定的机遇和运气。

（二）拥有积极的行为态度

我们常说，细节决定成败，态度决定一切。在关注每一个细节的同时，首先要特别注意工作态度，工作态度积极，成功的概率就高。如果事情还没开始，就认为不可能成功，那肯定不会成功；或者在做的过程中不认真负责，同样不会有好的结果。因此，没有做不好的事，只有态度不端正的人，只要对工作充满热情、激情和活力，具备了好的工作态度，就不怕遇到挫折，这样的人在事业上也更能成功。成功与否往往在于一个人的思维决断力，当毕业生开始步入职场时，所拥有的知识和技能不是最关键的因素，更加重要的是他们是否具备良好的工作态度。以下几个方面是毕业生必须具备的工作态度：

1. 立足岗位，更新观念

大学毕业生要适应工作和社会，必须明确自己的职责岗位，更新思维观念。具体要从三个方面与时俱进，即独立意识、主人翁意识和团队意识。首先，大学毕业生工作后必须承担相应的社会责任，这些责任随着所要参与、管理及决策的工作增加会相应增加，这就要求毕业生除了具备独立意识外，还必须有主人翁意识。因此，初涉职场的大学毕业生一定要"识大体，顾大局"，从整体利益出发，树立团队意识。

2. 终身学习，不断充实

毕业生对社会的适应是一个"学习—适应—再学习—再适应"的循环往复的动态过程，只有不断地学习，自己的知识结构才能够持续地得到改善。刚踏上工作岗位的毕业生，必须对自己工作岗位的基本情况有一定的认识，唯有不断学习，善于思考，善于总结，才能快速地掌握相关的专业知识，从而更好地适应工作。同时，大学生只有不断地学习，才能跟上社会和科技的发展步伐，不至于落后。

3. 把握时机，相机而动

对于应届毕业生来说，初次就业不一定就是一辈子的事业。由于在初次择业的时候，受到诸多条件的制约，以及其他各种因素的影响。因此，许多毕业生在第一次就业之后，对自己所处的工作岗位仍然感到不满意。对于这种情况，毕业生应该进行具体的分析,并以自己的实际情况为基础,来考虑这些问题。当然,随着社会需求的变化,也可适时调整奋斗目标,重新选择新的机会,找到适合自己的职业。

4.善于沟通,学会共赢

人是一种社会性动物,人与人之间必须有交流,尤其是在职场中。现代社会中很多工作需要众人协力完成,因此,大学生必须掌握有关的人际沟通技巧。

大学生在毕业后除少数人自主创业和升学外,大部分选择直接就业,因此,在组织内部成员之间、与组织以外的客户之间的人际沟通显得尤为重要。这就要求大学毕业生能正确对待沟通,一要有积极的沟通态度,二要全方位沟通,三要学会合作共赢,并在此基础上恰当处理沟通和其他人员之间的关系。在沟通方式上,也要恰到好处,选择恰当的沟通渠道。除此之外,适宜地沟通和倾听、交谈的有效练习也能进一步提升自我的沟通能力。

(三)不断进取,在适应变化中成长

要不断适应环境,在任何环境下都能做好职业发展规划。人生无时不在面对顺境与逆境,刚毕业的大学生也是一样。处在顺境时不要得意忘形,因为终极目标是追求事业成功和人生幸福,现在的顺境只是万里长征的第一步,要更加谦虚谨慎地做人,更加踏踏实实地做事,以坚定的步伐向自己的目标迈进。

面对逆境,面对工作中的困难,要有足够的心理准备,尤其是刚步入社会的大学毕业生。对新环境、新工作的困难有足够的心理准备,遇到逆境时就不会惊慌失措,而是泰然处之。在遇到困难时,要冷静分析造成困难的主客观原因,尤其是主观原因,以便对症下药。

如果领导、同事一时不理解自己,要学会沟通和忍耐,等待机遇,不能简单地与领导、同事对抗。大学毕业生在步入社会之前,需要建立起坚定的信念、不屈不挠的毅力和坚强的意志等品质。

要有所作为,就要学会在工作生活变化中找准自己的位置。工作生活中会随时发生各种变化,使人感到紧张不安,但我们可以预先做好准备,坦然面对。如今竞争无时不在,找工作时有竞争,找到工作后,在工作中还是有竞争,假如自己不努力,不利用空余时间继续充电,提高业务能力和其他方面的能力,自己的位置很有可能被人取代。所以要想成功,就必须不断更新目标,做好职业生涯规

划，不断提升自我。只有这样，才能得到长足的进步。

总之，大学毕业生走上工作岗位之后，要尽快适应相应岗位的工作要求，提升职业素养与能力，建立和谐的人际关系，坚持学习，爱岗敬业，认真负责完成本职工作，不断务实进取、开拓创新、把握机遇、迎接挑战。只有这样，才能顺利实现自己的职业生涯目标和人生目标。

二、善于发现机遇

机遇指的是能够让一个人取得成功的重大时机和条件。有的人尽管有天赋，却因为缺少一个施展才华的机会，没有一个施展才华的舞台，而与成功无缘。我们应当充分认识到机遇对成功的重要性。

（一）善于发现机遇是走向成功的阶梯

一个人要有一种能够透过表面现象揭示发展规律的本事。在进入工作岗位的时候，若能怀着对未来的憧憬，用一种乐观的心态去面对生活，将会找到更多的机会。

生活中到处都是机会，每一次的活动、每一次的交往、每一次的转折、每一次的得失，都会给我们带来新的感受、新的信息、新的朋友，它们都会成为我们的机遇、一次选择、一次走向成功的契机。在事业上，要想成功，就必须有敏锐的洞察力。

（二）善于把握机遇是获得成功的保证

机不可失时不再来。发现机遇仅仅是为个人提供了一种成功的可能性，要想将这种可能性变为现实，必须抓住机遇，敢于冒险，敢于付出，只有在实践中通过不断的努力，才能实现。因为机遇近在眼前，谁都想要把握，每个人都在努力，不往前走，那就是落后。只有及时抓住机遇，才能取得成功。

如果不能善于抓住机遇，就难以取得成功，因为成功需要时机和良好的抉择。抓住机遇靠的是眼观六路耳听八方的敏锐观察力。成功在于你所掌握的知识和应用的能力。成功需要发现、转折和考验，而机遇则仅仅是其中的一种。如果缺乏机遇，有可能会暂时被忽视。即使有再多的机遇，若缺乏优秀的素质，也难以取得成功。

法国细菌学家路易斯·巴斯德曾说过:"机遇只偏爱有准备的头脑。"[1]没有做好准备,任何机会都无济于事。所以,在工作后,更应该坚持终身学习。

三、做好终身学习

很多人对待生活都有一种理所当然的感觉,那就是参加工作意味着结束了自己的学习生涯。实际上,这种看法是片面和狭隘的。俗话说"活到老,学到老",尽管这个道理很通俗,但是它是不可否认的真理,同样适用于每个人的事业发展。随着社会的发展和变革,职业的结构、内容和用人的需求也在发生着变化,而个体的职业意识、职业素质和知识能力都需要经过学习来提升。虽然大学教育很重要,但是毕竟只是一个短暂的阶段,在大学毕业后,继续深造或学习,对我们以后的就业是非常重要的。在知识经济时代,人们更多地关注知识的获取、运用和创造知识的能力。只有那些善于学习,具有较强学习和思维能力的创造性人才才能成为真正的强者。这就要求学生有一种终身学习的精神以及实践。

(一)终身学习的含义

学习是一个终生受用的过程。终身学习指的是从人的生命开始,一直到人的生命结束,它包含了人生发展的每一个阶段多个方面的学习活动,它不仅包含一个人从婴儿到老年的各个发展阶段的各类学习,还包含了横向的从学校、家庭、社会等各个不同领域的各类学习活动。终身学习从根本上改变了传统的学习观念和思维方式,对学习有全新的认识和理解。

学习是一个人自然产生的生活方式。"终身教育"是一种思想,"学习化社会"是一种保证,这两个方面都为人的全面发展创造了条件,而要使人全面发展,则需要通过个人的学习,将其转化为自己的经验。"终身学习"是一种以人为本、以人为主体的自觉的生命活动。在这种生活中,学生们学会观察、倾听,表达意见,提出问题,并进行思考。有能力识别出自身所需的教育,并且有能力计划和评估自身所学的内容。

学习具有多样性和个人化。终身学习对每个人的个性和独立性给予了充分的尊重,对学习者自主自发地不断发展的重视,它不仅将学习内容的多样性范围

---

[1] [法]巴斯德.世纪的疾病AIOS[M].何照洪,译.世界图书出版公司,1989.

扩大，而且还将学习的技术与方法等扩展到了更大的范围，学习者可以自主地在多种内容和方法中进行选择。除此之外，终身学习的目标也是多种多样的，"学会认知、学会做事、学会共处、学会生存"是终身学习理念中的重要支柱和终极目标。

（二）制订有效的终身学习计划

尽管我们都认同"活到老，学到老"这句话，也意识到不断学习对自己适应职业的重要作用，但更为重要的是要将终身学习的理念贯彻到实践中来，要合理安排终身学习的规划，要养成终身学习的好习惯。一项成功的终身学习方案应当具备下列几个基本要素：

第一，要对自己的生活有一个明确的规划。如果一个人不知道自己想要的是什么，想要成为什么，那也必然不清楚应该学什么，怎么学。

第二，要有激励。终身学习与短期的学习不一样，它更需要一个人的意志和毅力，所以制订一些可以自我驱动的计划，可以成为一种很好的促进终身学习的方法。

第三，认识到自身的弱点。终身学习的内容已经超越了对知识的学习，它更多地涉及如何在职业和社会中取得更好发展。因此，我们需要对自己在工作中可能遇到的挑战有一个清晰认识。这样，我们才能有针对性地进行学习，逐步将这些挑战转化为机遇，从而充分发挥自己的能力。

第四，注重体验和观察。与学生时期的学习不一样，终身学习更多地伴随着经验的增长和视野的扩大，要注重实践的历练。同时，在终身学习的过程中，必须学会广交朋友，寻找榜样。学习不是一个人孤芳自赏，而是要和周围的人交流，向前辈们学习，向他们请教，这样才能更快地学会真正的技能。

四、强化职业生涯管理

我们已经重申了职业规划的重要性，并强调了及时制定职业生涯规划的必要性。虽然制定职业生涯规划是实现成功职业发展的必要步骤，但仅有这一步是不够的。要想成功地发展职业，必须具备职业生涯规划管理技能。在职场中，每个组织都需要进行职业生涯管理，对员工的各种主客观因素进行分析、评估和总结，以确保其职业生涯目标与组织的发展战略相契合。个人应该了解所在组织的职业发展规划，并根据自己的兴趣、能力和发展目标，积极规划和管理自己的职业生涯，以实现与组织的共同发展。

（一）适时进行自我评价

进行恰当的自我评估可极大地促进大学生的职业发展。很多大学生在即将毕业之前就做好了一份详细的职业规划，这种现象在现实生活中很常见。但是，在未来的职业道路上，他们仅仅依靠自己的感觉行事，这样做可能会逐渐偏离原定的职业规划，从而使得他们的职业发展再次陷入迷茫。因此，在职业生涯的进程中，应该定期评估自己的职业发展状态和生涯规划，根据情况做出调整，或是修改生涯目标，以使大学生的职业生涯发展具有策略性而非盲目性。

美国惠普公司的雇员在工作中要从不同的视角来评估自己的工作状况，对自己的工作状况进行分析，并提出自己的看法。其评估方式有如下几种：（1）写个人传记。通过撰写个人传记来了解并反映个人的生活、工作转变、将来的打算等。（2）用问卷调查的方式，对个人想要从事的职业，所喜欢的专业，以及在理论、经济、审美、社会、政治甚至是宗教等领域的价值取向进行调查，并对个人的职业规划进行分析，看看其职业规划是否符合当前的价值取向和个人意愿。（3）以24小时日志的形式，记录一个工作日和一个非工作日的活动，对自我进行全面的审视。（4）与重要人物面谈。可以和朋友、配偶、同事、亲戚说说自己的想法。（5）对生活的描述。用言语或图画的方式把自己当前的生活状态传达给别人或自己。

（二）时间管理

在职业生涯规划中，有效的时间管理是至关重要的。通过合理地安排和利用时间，我们不仅可以更好地管理自己的时间，还可以优化自己的生活和工作，从而让自己的人生潜力得到最大程度的发挥。

若想有效地安排时间，需要运用一些实用的技巧。关键是要制定时间利用规范，明确每项任务所需时间，规划好每日时间表并进行有效管理。其次要做的是识别出最优先的任务。据一些学者称，人们真正重要而富有意义的活动仅占用他们时间的20%，而大部分的剩余时间则用于处理次要琐碎的事务。要合理规划和掌控自己的时间，必须识别出需要优先处理的重要事项，以及可以暂时忽略的次要事务。最终，把重要的任务和紧急的任务区别开来并且找出正确的完成顺序。任务可以按照以下顺序排序：首先处理重要且紧急的任务，其次处理重要但不紧急的任务，然后是紧急但不重要的任务，最后是不紧急且不重要的任务。

（三）职业规划调整

人生道路永远充满变化，职业发展也同样如此。事业成功不仅在于实现最初的职业理想，更在于不断适应社会和职业发展，灵活变化以达成最佳结果。在事业的发展过程中，很多因素可能会导致职业生涯的变化，甚至需要重新考虑自己的职业发展方向。这些因素可分为个人主观因素和客观因素，以及社会和职场因素。例如，当人们的兴趣爱好发生了变化，或者他们因教育和培训而经历了变化，或者他们的家庭和工作环境发生了变化时，都可能引发转变。需要根据情况和实际需求来及时修改和调整自己的职业规划。这种调整可以表现为重新选择职业、改变职业生涯路线、修正阶段目标或更改实施措施，等等。

在规划个人职业生涯时，应该综合考虑个人的兴趣爱好以及外部社会的需求和趋势，以便做出最明智的决策。而且，调整要遵循一定的法则，第一反应应当是修正计划而不是目标；只有在无法修正计划的情况下，才需要考虑调整达成目标的时间或要求；如果需要达成的目标无法通过延长时间或降低要求来实现，那么我们应该考虑重新设定目标。这意味着我们必须放弃原先设定的目标并重新规划行动计划，以确保能够在实际可行的范围内取得成功。只要持续进行评估和修改，就能够不断完善个人职业生涯规划，让它更加完善并更符合个人职业发展的需求。

总的来说，一个人的职业发展取决于许多因素，其中曲折程度和道路宽度并不是最终成败的决定性因素。成功的职业规划非常依赖于正确的时间管理，这包括避免拖延和浪费时间。一旦能够正确地管理时间，实现职业生涯规划就变得轻而易举。只要在心中保持对初心和梦想的执着，并在追求这个梦想的道路上不断地学习和进步，就能成为人生中有价值的胜利者。

参考文献

[1] 王达苗. 职业生涯起跑：大学生职业发展及就业指导研究 [M]. 北京：科学技术文献出版社，2022.

[2] 陈强，张凯，裴宏宇. 大学生职业生涯规划与就业指导 [M]. 南京：东南大学出版社，2016.

[3] 鄢万春，吴玲. 大学生就业创业与职业发展指导 [M]. 北京：科学出版社，2016.

[4] 刘玉升. 大学生职业生涯规划 [M]. 苏州：苏州大学出版社，2021.

[5] 陈磊，张晓敏，黄利梅，等. 大学生职业发展教育 [M]. 重庆：重庆大学出版社，2018.

[6] 胡楠，郭冬娥，李群如，等. 大学生职业规划与就业指导实践训练 [M]. 北京：人民邮电出版社，2017.

[7] 吴彦宁. 大学生职业发展与就业指导 [M]. 北京：科学出版社，2015.

[8] 王长青. 大学生职业生涯规划与发展 [M]. 南京：南京大学出版社，2017.

[9] 章周道. 大学生职业生涯规划：就业与创业指导 [M]. 厦门：厦门大学出版社，2015.

[10] 张翠英，余晖. 大学生职业生涯规划与就业指导 [M]. 北京：中国传媒大学出版社，2016.

[11] 孟青梅. 职业生涯规划在大学生就业指导工作中的作用——以山西工商学院跨境电子商务专业为例 [J]. 现代职业教育，2023（23）：50-52.

[12] 杨影，王成家，孙莉. 构建大学生职业生涯规划教育体系的思考 [J]. 四川劳动保障，2023（07）：100-101.

[13] 吴巧文. 大学生职业生涯规划与心理健康教育融合途径探索 [J]. 太原城市职业技术学院学报，2023（07）：160-162.

[14] 李晶. 基于职业生涯规划的大学生个性化就业指导的思考 [J]. 就业与保障，2023（07）：118-120.

[15] 缪志刚. 大学生职业生涯规划与就业指导模式改革 [J]. 人才资源开发, 2023 (14): 22-24.

[16] 薛鑫. 高职大学生就业指导与职业生涯规划系统设计研究 [J]. 办公自动化, 2023, 28 (14): 28-30.

[17] 刘军伟. 大学生就业指导服务质量研究 [J]. 湖北开放职业学院学报, 2023, 36 (13): 54-55, 58.

[18] 陶薇伊. 音乐学院辅导员在就业指导工作中的价值及改革途径 [J]. 四川劳动保障, 2023 (06): 98-99.

[19] 芦大亮. 基于服务视角下大学生职业生涯规划发展路径分析 [J]. 湖北开放职业学院学报, 2023, 36 (12): 34-36.

[20] 张凤娜, 郝春东, 余相辰. 应用型本科高校大学生职业生涯规划教育探析——以金融学专业为例 [J]. 金融理论与教学, 2023 (03): 115-118.

[21] 张华元. 大学生职业生涯规划与学业成绩的交叉滞后研究 [D]. 聊城: 聊城大学, 2022.

[22] 何家庆. 师范院校综合化趋势下大学生职业生涯规划的问题与对策研究 [D]. 武汉: 华中师范大学, 2021.

[23] 王乐. 父母自主支持与大学生职业生涯规划的相关性研究 [D]. 黄石: 湖北师范大学, 2021.

[24] 高英姿. 不同生源地大学生职业生涯规划的比较研究 [D]. 北京: 中央民族大学, 2021.

[25] 高昂. 大学生职业生涯规划能力培育问题研究 [D]. 郑州: 郑州大学, 2020.

[26] 王晶. 新时代大学生职业生涯规划教育研究 [D]. 西安: 西安科技大学, 2020.

[27] 高会. 成都学院学生职业生涯规划教育诊断研究 [D]. 成都: 电子科技大学, 2019.

[28] 郑岳慧. 大学生职业生涯规划教育研究 [D]. 呼和浩特: 内蒙古大学, 2019.

[29] 张可可. 小组工作介入大学生职业生涯规划研究 [D]. 乌鲁木齐: 新疆大学, 2019.

[30] 张皖俊. 家庭第一代大学生职业生涯规划问题及对策研究 [D]. 芜湖: 安徽师范大学, 2019.